黄河这样从我们身边流过

——穿越中国景观的母亲河

陈维达 白波 徐清华 刘仲薇◎著

中国林业出版社

图·图阅社

黄河源区地处青藏高原东北部，属高原大陆性气候。因地势高寒，人烟稀少，水量较丰富，植被条件较好。然而如今的黄河源区草地退化，土地沙漠化面积不断扩大，黄河源区的生态环境着实令人担忧。

在千沟万壑中，黄河犹如一条蜿蜒的长龙，曲曲折折，无声无息地流淌。
黄色的主色调在周围景色的陪衬下尤为醒目。

黄河壶口瀑布是中国第二大瀑布，也是世界上最大的黄色瀑布。它的奔腾汹涌如万马奔腾之势一直被看做是中华民族精神的象征。

序｜让黄河成为你的知己

在行走黄河的历程中，有两件事对我触动很大，脑海中始终镌刻着生动的画卷，令我玩味。

先说第一件。

青藏高原的巴颜喀拉山是长江黄河的分水岭，它的主峰年宝玉则位于青海省东北部青川交界处。这里群峰嵯峨、神秘莫测，群峰环抱下有两座湖泊，一座叫妖女湖，一座叫仙女湖。一妖一仙，可以想象两湖的不同景色。夏季的仙女湖，灌木葱郁、水草丰茂，各色小花妖娆地绽放，在湖畔平铺成彩色地毯，棕色的帐篷点缀在湖的周围，炊烟袅袅，慢慢消融在湖光山色中，成群的牛羊散落在远远近近，“哞哞”声犹如天籁。

在这幅近乎天堂仙境的画卷中，我看到一位年轻的喇嘛从山那边走来，他浑身沾满泥水，却一脸的平静。但见他左手持相机，右手抓三脚架，背上一个沉重的双肩包。踯躅片刻，他似乎找到了一个理想角度，扎好三脚架再支上相机，然后，背对山湖、面对镜头。此时相机肯定是自

仙女湖畔，水草丰茂，如绿色地毯，远处山峦、蓝天、白云与湖面中的倒影相呼应，让人不忍踏入，生怕打破了黄河源区这难得的和谐画面。

动“喀嚓”了若干下，一组自拍像摄入镜头。之后，他拿起相机浏览一番，许是非常满意，露出了天真纯朴的笑容。

在我的印象中，佛教徒应是苦行僧，对凡俗世界充满了悲悯之情和空无之态，但是，这个小喇嘛却不同凡响，他的新潮、他的喜悦、他与世俗之间的亲近，显得尤为动人。作为佛徒，他肯定是在修行，那么，相机中的他，是自观，还是外观呢？

这里美丽的仙境，也许会对他有一个启迪，藏传佛教倡导的苦集灭道之修豁然顿悟。当然，我宁肯相信，是如此超凡脱俗的年宝玉则，让这位喇嘛回到了凡间。或者说，明镜一般的湖光山色还原了一个真正的年轻人。

再说另一件。他是共和国的一位部长。2006 年 6 月，已届 65 岁的他带队检查黄河防汛，最后一站到达黄河三角洲，并且乘船考察黄河与大海的交汇处。是时也，天朗气清、惠风和畅、海天一色、河水静谧。挣脱了堤防约束的大河渐行渐宽，大海仿佛迎接远行的游子归来，时时伸出蔚蓝色的海波，河海交汇后形成长长的蓝黄交错的波纹。这时的大河也已消失，渐行渐远，融入大海之中。本来正与大家说笑的部长，看到如此奇异的情景，神色变得凝重起来，他稳坐在甲板上，倚着船舷，旁无一物，似乎在思索着什么。微风吹拂着他的满头银发，他微笑的面孔好像一座雕像。

他在想什么呢？他曾经说过：治河需要哲学家。况且，他本人就是一位学者、理论家，他提出了资源水利的概念和内涵；他倡导了管理机构应是河流的代言人等。此时，面对经历了千回百折而渐归大海的黄河，面对河与海的波浪，他深邃的目光显示，他在思考。

这两件事相隔甚远，看似毫无关联，我之所以印象深刻，心存感念，就是他们与黄河的这种关系以及面对此情此景的心境。如果从走黄河的角度，如果从人生体味的角度来看，这两幅图画既关联又生动。无论老幼、无论官僧，涉世未深也罢，饱览世事也好，或离红尘之远，或居庙堂之高，那都是一种人生状态而已。如果有机会牵了大河之

黄河流经山东东营后注入渤海，当带着从青藏高原一路而下的泥沙，黄色的河流汇入大海，青黄相接的那一刻，呈现出了如图所示的神奇画面。

手，流连于大河两岸，或许，对大河就会有一种深深的感觉。难怪2000多年前孔子站在河边会喟叹："逝者如斯夫，不舍昼夜！"

沿着黄河行走，对历史、对生活、对自己，都会有全新的、深刻的领悟。

我们选择了黄河两岸的若干个点，以黄河为轴线把它们串联起来，这里既有远古沧海桑田变化的印痕，也有先民们披荆斩棘、参悟宇宙的足迹，有大自然鬼斧神工的造化，更有人工伟力形成的胜景。不管你是读此书，还是行彼路，每一处胜景，我们希望都能引起你思想与感情的共鸣，并且让黄河成为你的知己，为你带来生活的愉悦和思考的收获。

陈维达

[目录]

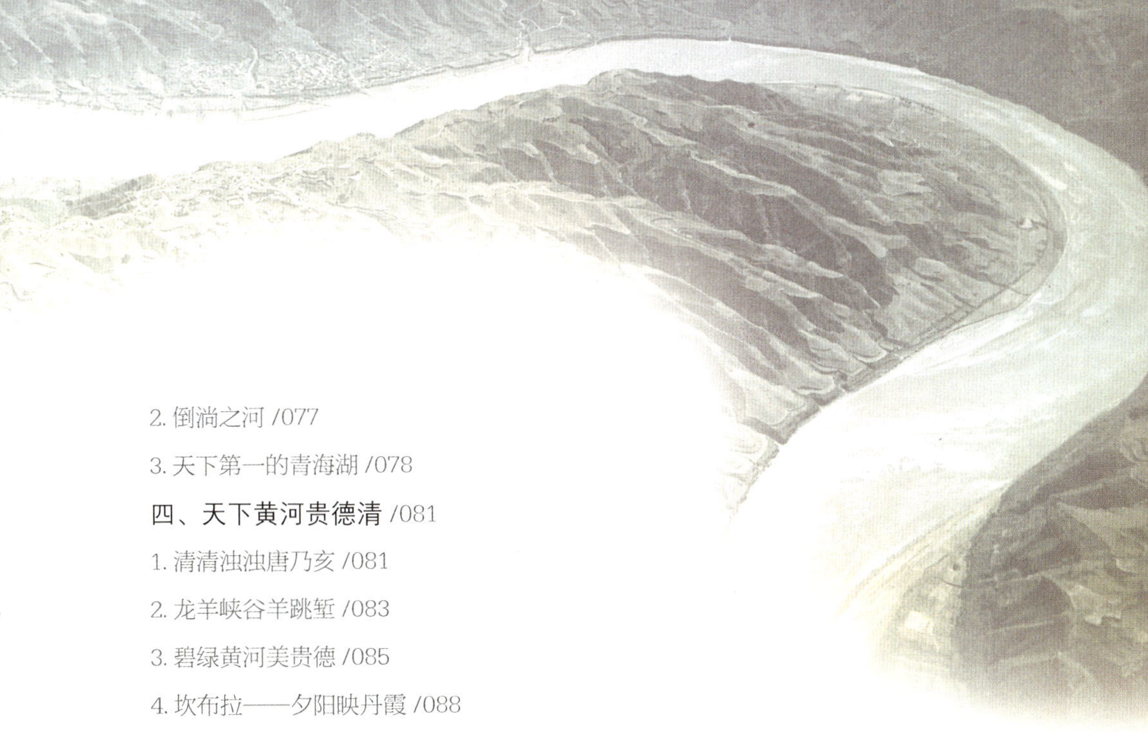

【卷一】 寻寻觅觅溯河源

黄河源，泛指青海龙羊峡以上地区。黄河自阿尼玛卿山南麓流至青甘川交界处，受邛崃山和岷山阻挡转而向西，再次返回青海至龙羊峡，行程已达上千千米。

本卷所描述的黄河源，仅指在阿尼玛卿雪山之上游地区。

一、神秘的河源

人类对“源”，有着潜意识般的追索和探究，宇宙起源、人种起源、文化起源，及至家族起源等。探寻到“源”，人的物质世界和精神家园就有了依托。

在我国，对于黄河源的探寻，最早的文字记载大约可以追溯至《山海经》，其载有“昆仑之丘……河水生焉”。此后，除民间外，汉、唐、宋、元、明、清各朝，均有朝廷派官员对河源进行勘察，以期确定河源之所。

但是，由于河源居于青藏高原腹地，其上游地势复杂、支流众多，加之河源理论多元化等因素，直到今天，河之源依然众说纷纭，没有定论。

1. 多元化的河源论

中国古代有“河源唯远”说、“河源唯长”说、“河源唯干”

说等，并且这些“说”，均有河流实证来确认河源说的合理性。在遥感卫星照片作为测绘技术出现之前，寻找高寒多支的河流之源，是一件十分困难的事情，人们只能靠双足踏勘和基本测量工具，在众多帚状河流中去寻找和确定。而这些源头分支，有的甚至相距甚远，譬如长江的东源当曲与西源沱沱河，其直线距离竟有 350 千米之遥。

因为这些理论都自成一说，使得发源于青藏高原腹地的黄河正源有了较大争议。目前，有玛曲、约古宗列曲、卡日曲、那扎陇查河等几种认识。

■ 玛曲与约古宗列曲

玛曲曲果位于青海省玉树藏族自治州曲麻莱县麻多乡

正西方约古综列盆地内。

“玛曲”，藏语，意为孔雀河，即指黄河。“曲果”，藏语小河源头之意。玛曲曲果，即黄河源头。

玛曲曲果的具体坐标是北纬 35°01'35"，东经 95°59'25"，海拔高程为 4640 米。源头处为一箕形缓坡丘陵，当地藏族居民称之为“玛曲曲果日”（意为小山），在小山的东坡脚附近有一处满月形泉眼，两面缓形山坡与泉眼形成双手捧月之势。这就是黄河源头第一泉。

此泉大小若脸盆、深浅约竖掌，其水清冽、平静，夏不狂溢、冬不干涸，映着蓝天白云，源源不断涌出甘露。泉眼下游为草甸沼泽地，众多小泉逐步汇流成溪，向北偏西流淌，在 1000 米左右处与其左边西南隅另一股水汇合，

图中黄河源区的生态良好，水草丰茂，一望无际的草原在远处似与蓝天相接。整个画面广阔无垠，展示着属于草原的独特风情。

形成宽约 0.7 米、深约 0.2 米、Y 字形的溪流，即为玛曲。

自黄河第一泉涌水，玛曲先向北，再向东，在约古宗列盆地内回环曲折，在盆地中央经常会形成沼泽草滩和水泊地，其大大小小的草甸水潭，呈绿色扇形分布，俨然孔雀开屏，行过此地，玛曲与偏南而来的青鸟龙洼和其他小溪汇合，初具小河规模，然后由盆地东北角的茫尕峡谷冲出盆地继续东行，经星宿海，其间接纳北支扎曲，过玛涌滩，再下行，于扎陵湖上约 20 千米处汇合卡日曲，称黄河，下行，入扎陵湖。

确认玛曲为黄河正源的理由有二：

其一，尊重当地民族认识。历史上，从甘南上溯到青海的这段黄河，藏族同胞统称为玛曲。在甘南地区的黄河边上有一县治即为玛曲县。与此相对应的是“多”这个词，在藏语中，“多”系指河流上游。在青藏高原的长江、黄河、澜沧江的众多支流旁边，以“多”命名的地方非常普遍。玛多、称多、治多、杂多等，说明藏族以河的上下游来指认地标是一种普遍现象。据此可以了解到，在古代，当其他民族的冒险家们在努力寻找黄河源头时，藏族人民心目中，黄河的源头已是确认的。玛曲、玛多、玛曲曲果，清晰地划定了黄河源地区的河段、上游地区以及源头。

其二，河流主干说。这一理论认为，寻找河源，应以其干流寻源为要，正如人之头为干，其上肢再长，亦不能算最高点。而现代水文学中，认定河流干流应以河网结构性法则为依据。第一，两河或多河在汇合处，支流的河床坡降大于干流；第二，两河或多河交汇，如无特殊的地质情况，与交汇点河段流路夹角较大的河流为支流，夹角较小、顺直的河流为干流。

根据以上理论，玛曲当属干流。在黄河上游众多帚状

黄河源区的遥感图。山体、河流、湖泊都能清晰地分辨出来，包括黄河源区山脉的整体走向，黄河的流向等。遥感卫星图有利于宏观地了解黄河源区。

支流中，玛曲顺直、坡降夹角小，且位居中枝。从 1952 年起的数次查勘后，黄河水利委员会综合多种因素、多方意见，于 1985 年上报当时水电部批准，确认玛曲为黄河之正源。

关于约古宗列曲，虽然地图上有标记，但是经过实地考察寻访，我认为是一种误解。众所周知，约古宗列是黄河发源的盆地所在，意为“炒青稞的浅锅”。如果再标为河名，似为不通。2008 年进行河源考察时，当地一牧民告诉我们考察队，此段小河称作青鸟龙洼。

■卡日曲与那扎陇查河

卡日曲，藏语意为“红铜色的河”，发源于巴颜喀拉山支脉各姿各雅山下 5 条小溪形成的河流，其方位为北纬 34°55'52"，东经 95°55'18"。这里水源更加丰富。其下行约 70 千米接纳了拉浪情曲，再续行约 60 千米，受卡里恩尕卓玛山的支脉努尕冰赛山的阻挡，折向西北方向前行 40 千米，绕过此山后再向东，行约 20 千米后与玛曲汇合，汇合点的坐标为北纬 35°00’，东径 96°52’，高程是 4300 米。

处于黄河源区的青海高原上牛羊成群，毡包随处可见。这里的天空是蔚蓝色，地面是草绿色，放眼望去仿佛一眼即可望穿，高原的辽阔被淋漓尽致地展现出来。

卡日曲是 1978 年青海省测绘局组织考察确定的黄河正源，目前新华字典以及部分中小学生课本均这样记载。

卡日曲的另一分支拉浪情曲，是又一派认定的黄河正源。它自曲玛莱县麻多乡公路的卡日曲桥东约 15 千米处与卡日曲分开，向西南又折向东南，之后向东依次又分支为

拉浪情、棒咯曲、那扎陇查河北支和南支。

2008 年青海省组织综合科考，按分辨率为 15 米的遥感影像图，以扎陵湖入水口为起点，测得卡日曲西源长度为 234 601 米，棒咯曲 240 486 米，拉浪情曲 250 547 米，那扎陇查河 256 523 米。同时测得玛曲长度为 217 093 米，约古宗列曲 222 865 米。

从以上可以看出，玛曲是最早确定的黄河正源，但是其长度与那扎陇查河之差为 39 430 米，因此，有部分学者认为应当改那扎陇查河为黄河正源。其方位为北纬 34°30'29”，东经 96°20' 23”。但是，水利界认为，在万里黄河上，有三四十千米河床误差是正常的，如重新确定，对于整个流域水利坐标影响较大，许多档案资料和现实工作将出现误差或疑惑，因此不建议改变。

关于黄河正源的争议，仍然存在。在寻找河源的过程中，不同的人不同的时间，对一些事物的描述，总会有差异，使这一事物过程显得神秘而有趣。

在玛曲与卡日曲两河间，有一座山峰，十分神秘。清乾隆四十七年（1782 年），因为下游堵口成功，皇帝派遣他的侍卫阿弥达探寻河源并祭告河神。阿弥达在星宿海之西南发现一座蒙古语称为“阿勒坦葛达素齐老”的山，他对此山进行了详细描述：“此山崖壁赤黄，壁上有池，池中‘流泉喷涌，酾为百道，皆为金色，同入于阿勒坦郭勒……为黄河之上源也’。”并且他认定黄河发源于此山，流经星宿海后下行。1952 年，黄河水利委员会科考队抵达河源区，有意识的在附近寻找此山，但是费尽周折也未找到叫这个名字的山峰。询问当地牧民得知，很多年前，这一带是蒙古族放牧的地方，现在蒙古人已经离去，蒙古语的这座山他们也不能肯定是哪座，而附近有一座藏族人称为“喀喇阿尕拉卓玛”的雪山，意为“白脸女神”。此山群峰环绕，像是有很多大荷叶倒扣在上面，极为美丽壮观，方位也与阿弥达的描述接近。于是，考察队疑此峰为彼峰。在2008年青海基础地理信息中心印制的1∶230000的地图上，这里标有一座称为“卡里恩尕卓玛”、海拔5047米的山峰，那一年我在这里考察时，询问当地藏族干部达哇彭措，他告诉我，“卡里恩尕卓玛”这个名字的意思是“银白色仙女”。两种翻译意思相近，但是，意境有差异，后者的翻译更趋于完善、更加浪漫。由于藏语有卷舌音，加之异地之人对当地口音记录上总会有些误差，因此可以断定，此山就是1952年考察队看到、清人认定的黄河发源于其上的“阿勒坦葛达素齐老”山。

探访河源的旅行家，不妨去找一找此山峰。探访黄河源大致有3条路：

从玛多县城出发，沿县级公路向鄂陵湖方向，经扎陵湖、玛涌滩、星宿海到麻多乡，从这条路走，可以观赏美丽的鄂陵湖、扎陵湖、探险玛曲、卡日曲等多个源头。

另一条路从玛多县继续向南，翻越海拔4824米的巴颜喀拉山垭口，至清河镇下国道向西至曲麻莱县城，走县道沿通天河支流色吾曲再回翻巴颜喀拉山海拔4830米的垭口加巧折西那，进入棒喀曲源头，沿河而下分别经棒喀曲、拉浪情曲、卡日曲后，至麻多乡。此线路你可以一路查看最近人们认定的河源，体会一脚跨长江黄河的神奇感受，看棒喀曲、拉浪情曲交汇处的夹角、坡降、流速等，体味科学家们关于河源争论的内涵。

第三条路自柴达木盆地的格尔木沿青藏线出发，之后沿雪水河上行走一条乡村公路至约古宗列盆地。

这3条线路，从城区到麻多乡，均有200多千米路程。

2. 天纵英姿河源碑

在黄河源区有很多不同组织或个人树立的、大大小小不同材质的河源碑。图中的黄河源碑是1999年树立的，正面是由时任党和国家领导人的江泽民所题书的“黄河源”3个红漆大字，背面是一篇209字骈体文的《黄河源铭》，碑前放着一条白色的哈达。

黄河数源均有碑立，这与国人文化习惯有关。特别是千辛万苦来到河源的人们，总是希望以自己的方式留下些纪念。因此，在几个源头，有不同组织或个人树立的、大大小小不同材质的河源碑，有石质的、木头的、铁皮的，甚至还有随手拾捡石块堆砌的。

由中华人民共和国水利部、青海省人民政府树立的黄河源碑耸立在玛曲曲果。这座碑兼河源标志性和纪念性意义为一体。碑材选用青海省湟源县产的花岗岩，白底灰麻、质地坚硬。碑型为中国传统式，由底座与碑身两部分组成，底座高 1 米，碑身高 1.999 米，宽 1.5 米，厚 0.5464 米，这几个数字似为平常，实际上含有暗喻，它告诉你，此碑为 1999 年树立，黄河河长为 5464 千米；代表着黄河流域儿女为共和国 50 周年献礼的深情厚意。这座近 3 米高的石碑坐东朝西，位于玛曲曲果第一泉正东方约 20 米开外的缓坡上，它背依巴颜喀拉山，脚踏天际高原，俯瞰约古综列盆地，面向第一泉，身材伟岸、天纵雄姿，在蓝天白云映衬下，甚具宏大庄严相。面向泉眼的正面，是时任党和国家领导人江泽民所题书的“黄河源”3 个红漆大字，背面是一篇 209 字骈体文的《黄河源铭》。铭文如下：“巍巍巴颜，钟灵毓秀，约古宗列，天泉涌流。造化之功，启之以端，洋洋大河，于此发源。揽雪山，越高原，辟峡谷，造平川，九曲注海，不废其时。绵五千四百六十公里之长流，润七十九万平方公里之寥廓。博大精深，乃华夏文明之母；浩瀚渊泓，本炎黄子孙之根。张国魂以宏邈，砥民气而长扬。浩浩汤汤，泽被其远，五洲华裔，瓜瓞永牵。自公元一九四六年始，中国共产党统筹治河。倾心智，注国力，矢志兴邦。务除害而兴利，谋长河以久远。看岁岁安澜，沃土茵润，山川秀美，其功当在禹上。美哉黄河，水德何长！继往开来，国运恒昌。立言贞石，永志不忘。”

短短 200 余字的铭文，概括了河源之在、行经之远、气势之宏、精神之寓，寄托了炎黄子孙世世代代的美好愿景，确实是一篇不可多得的奇文。

此碑 1999 年 10 月落成后，国家水利部、青海省人民政府在玛曲曲果举行了简短而隆重的揭幕仪式。

3. 炒青稞的浅锅——约古宗列盆地

约古综列盆地东缘位于麻多乡正西约 10 千米处。从乡所在地出发，正前有一道宽约 3 千米的沼泽川地，以前需绕道乡南边的小山边缘，经郭洋村南北横穿沼泽地再沿北山边缘进入。由于必须穿过沼泽地，这一段约 10 千米的路程基本上要走 2 个小时。2008 年，政府投资在川泽中央靠北处修了一条公路，这条公路直接东西穿过沼泽地，翻越盆地分水岭，在盆地中央略偏南依河而行，直达玛曲曲果。

约古综列盆地，藏语意为“炒青稞的浅锅”。我对这个精准的翻译始终抱着敬佩的态度，第一个翻译之人，确实非常了解当地人民的生活和语言。据当地藏族同胞讲，“约”，指这一片土地，“古”，相当于汉语连词，“综列”，是藏族炒青稞用的平平圆圆的锅。这个名称准确地反映了这个盆地的特征。在群山连绵、河汊交结的高原上，约古综列一带确实是视野开阔的较大盆地，它南北宽约 30 千米，东西长约 60 千米，除了玛曲在其东北角切割的茫尕峡谷外，它的四面均被缓缓的丘陵包围。假若晴空时节，站在高端放眼望去，这里的景色尽收眼底。

盆地看似一马平川，其实走进去就会发现，里面的地形地貌千变万化，景致景观气象万千，只见丘陵矮崖相间、草甸湖盆互映、溪流泉眼遍布。远远地你看到一座小山岭，走到跟前却一片平坦之地，远处看有丘塬，走到跟前却是一道山脊，一条小河绕着崖脚像躲迷藏一样回环往复，甚至切割了岸崖，深深躲在硬岩的下面；草甸中受高寒反复冻融形成的水潭被形象地称作“马蹄坑”，有时水量大一点，一个马蹄坑的水溢向另一个马蹄坑，形成小小的瀑布，瀑布相连形成一条小流，这似乎就是某条河流的源头了；盆地里坡降很小，泉渍遍布、水流缓慢，可以看到高原寒鱼裸鲤俊俏的身影，这种鱼都只有一指来长，非常细小，在平缓的水中啧嘴儿，丝毫不惧人色。夏日里，盆地里有凤毛菊、垂头菊、金莲花、龙胆、马先蒿、藏蒿草等，组成绿茵如毯的高寒植被，其间各色鲜花点缀，华丽俏美，所以，这里还被称为“五花草甸”；野驴、黄羊、石羊、藏羚羊、红狐、甚至还有狼和熊等出没，显示出盎然生机。冬季，瑞雪覆盖，一片冰清玉洁的世界，弯弯曲曲的河上冰凌闪烁，

如银蛇乱舞，天空中鹰隼徘徊，狩猎着它的食物。

玛曲曲果就在盆地中间线一带偏西南的一隅。

在盆地西部略偏南耸立着盆地最高峰——海拔 5214.8 米的雅拉达则峰，呈金字塔形，在开阔的盆地内独树一帜、昂首向天，在气候多变的高原上，它时而耸立于清澈的蓝天之间，时而被浓云笼罩，时而薄云如纱缠系山腰，似乎是一位无论风云如何变幻亦坚守诺言的武士。当地牧民传说，雅拉达则是阿尼玛卿雪山的儿子，由于远离河源，就

黄河源区的约古宗列盆地内有很多小水泊，如繁星般闪烁在盆地中。水泊四周则是天然牧场，蓝天白云下是大片的沼泽草滩，远处绵延不绝的山体似在守护着这片难得的天然牧场。

派遣了她的儿子雅拉达则来守候源头。这固然只是一个美丽的传说，但是，在当地牧民心目中，玛曲曲果确实是非常神圣的，而且表明了黄河流域最高雪山阿尼玛卿山与黄河源之间的密切关系。有意思的是，麻多乡东边的“卡里恩尕卓玛”是位“银白色仙女”，在辽阔高远的黄河源头，西金童东玉女，遥遥相视，双双守护着母亲河的源头，也可以说，寄托了华夏各族儿女对黄河源图腾般的极度崇敬。

环雅拉达则山峰的盆地西部，属于柴达木盆地流域，其水流流经昆仑山到格尔木，注入察尔汗盐湖。

4. 源头一小的变迁

在黄河源这样荒芜偏远的地方，有黄河源第一寄宿小学，这实在是令人惊讶的事情。

麻多乡属于青海省玉树藏族自治州曲麻莱县，位于县城北偏东约 200 千米处。

为了每一位居于最偏远地区的孩子都有学上、有书读，地方政府建立了不同类别的学校。随着人口情况的变迁，黄河源头小学也有 3 次变迁。1999 年，在玛果果曲下游 2000 米处的一个高地上，黄河源头一小正式开办，当时，这里只有 3 排房子共 20 间校舍，24 名小学生，一位常年驻校的校长兼教师；2008 年，学校规模扩大，校址下移，由香港曾先生资助，在翻越约古宗列盆地分水岭不远的青鸟龙洼小河旁边，建立了源头一小。最近，由于牧民的搬迁，学校与乡政府所在地的二小合并，成为一所正规的全日制小学。

虽然远离城市、远离繁华，但是，这里的孩子非常好学，老师极为敬业，有的老师甚至是来自河南，与当地藏族教师结为连理，共同为孩子的成长做出巨大努力。

二、高原明珠姊妹湖

扎鄂湖、鄂陵湖是黄河源地区具有地标性的风景，甚至在 1∶12 000 000 的中国地图上，这对高原姊妹湖也赫然醒目。围绕两湖周边，自古至今有着无数动人而美丽的传说。

还是让我们从玛曲冲出的第一个峡谷——茫尕峡谷看起吧。

1. 星宿海是神仙住

玛曲出茫尕峡谷后下行约 20 千米开始，有一大片沼泽地。

星宿海是中国武侠小说中聚集武林高手的地方，也是藏族英雄屯兵之所。这是黄河源出盆地、进玛涌滩和扎陵湖前的一片沼泽地，由于地势平缓、水草丰茂，在草原上形成大大小小数不清的“海子”，在日光月影之下，犹如

天上点点繁星，故而被誉为“星宿海”。《新西宁府志》记载道：“星宿海……南北汇水汪洋，西北乱泉星列……每月即望之夕，天开云净，月上东山，光浮水面，就岸观之，大海汪洋涌出一轮冰镜，亿万千百明泉掩映，又似大珠小珠落玉盘。”

但遗憾的是，由于气候变暖、水量减少等原因，星宿海已变得不那么光润，个别年份，它会失去往昔风采，许

许多多的水泡子洇到了地下，马蹄坑状的草甸子没有水的洇润，渐渐被风沙抚平，远远望去，除了在草滩中央逶迤的玛曲和紧贴对岸山脚的卡日曲外，几乎看不到犹如闪着天空星光的明亮的海子了。

星宿海，你哪里去了？莫非你是格萨尔王手下呼啸战场上士兵的魂灵，已不能忍受干涸与沉寂的草原，而重返天界的星辰吗？

星宿海是一个狭长的盆地，在这里有着大片的沼泽和众多的湖泊。图中的星宿海在蓝天白云下细流娟娟，显得耀眼夺目。然而，如今的星宿海却没有了昔日的风采，它的光润正随着时间的推移慢慢消逝。

2. 格萨尔王的马蹄声

格萨尔王是藏族传奇。

在广大的青藏高原，在青海湖、日月山，在藏北草原、甘南大地、川西深山以及美丽的云南等地，几乎到处都有关于格萨尔王的遗迹和传说，当地人说：“每一个藏族同胞心里都有一个格萨尔王的故事；每一处藏族人民生活过的地方，都有格萨尔王的痕迹”，从这一点上来说，十分类似中原传说中的大禹。

麻多乡附近牧民认为，格萨尔最为辉煌的业绩是在这里。这里有他的登基台和练兵场，他的英雄史诗是从这里开始的。在麻多乡东约 40 千米、星宿海东北紧贴公路边的一座山岭上，留有格萨尔王登基台遗址。

这是一座不高的小山，或者准确地说是一个陡直的小丘陵，山坡上植被稀少、山体破碎，散乱的片石有棱有角。在半山腰上，有一块石碑，上书：格萨尔登基台。下面用汉藏两种文字简要介绍了格萨尔王台的位置，并告诉人们，眼前山下广阔的星宿海以及草原，就是格萨尔王征战前的练兵场。台上有一座小寺庙，在一览无余的河谷和丘陵地带，显得孤独而瞩目。寺庙房子外面堆放着一排排用藏文镌刻的六字真言石片。寺庙东，是一排 8 座白塔，塔前塑立着一尊骑马的英雄，这就是格萨尔王的塑像。但见这位英雄，阔面剑眉，怒目圆睁，头戴一顶四钺一锤的王冠，手执一柄铜把皮质马鞭，金色盔甲上披着各色哈达。他的胯下，一匹尖耳瘦颊、四蹄劲起的骏马，正侧目草原，势若腾飞。

更蔚为壮观的是白塔后面的经幡。在斜斜的山坡上，一眼望去，是数不清的彩色经幡，五颜六色，甚是醒目。这些经幡好像兵阵，在阴霾的天空和呼啸的北风下，有一种悠远经世的苍凉沉郁感。听着风扯经幡的声音，似乎身处古代战场，看刀戈相击、听战马嘶鸣，一时有一种不知身处何年的异样感觉。

关于格萨尔，有这样的传说。在很久以前，青藏高原的广大地区经历了一场天灾人祸，妖魔鬼怪横行乡里，牧民百姓遭受荼毒，一个个牧歌般的田园被贪婪、恶毒的坏人霸占。在这样的情况下，大慈大悲的观音菩萨为了拯救黎民、普度众生，就派了神奇童子推巴噶瓦发下凡来到岭国。这位神子的凡名叫角如。角如刚来到这个世界上，就面对数不清的凶险，多次遭遇坏人陷害和追杀。但是，众神已赋予他巨大的力量，在天神的保护下，角如出生后就能降魔伏妖。5 岁时，他与母亲移居黄河之畔的星宿海，随之，岭国部落也迁移到这里。12 岁那年，角如在部落赛马大会上一骑飞尘，夺得胜利，获得了王位，同时娶了美丽的姜珠牡为妃。这个王子从此称为格萨尔王。自那时起，格萨尔王施展天威，南征北战，降伏妖魔，战胜周边诸王，统一了大小十几个部落和王国。在取得了圆满功德、草原上重现美丽彩虹的时刻，格萨尔王携母亲和王妃一同返回天界。

这就是藏族英雄史诗《格萨尔王传》的基本故事脉络。

站在这座不算太高峻，但是能够俯望整个广袤草原的山岭上，背对着从北方吹来的瑟瑟冷风，想象风华英俊的少年格萨尔手擎利矛、脚踏马蹬、胸怀壮烈的样子，他俯瞰着草原上练兵的队伍战马嘶嘶、军旗猎猎的雄伟场面，肯定有一种天国在握的雄心与豪情。他最终成就的事业，也使这个如今远离繁华，甚至有点萧瑟的练兵之地，蒙上了一些神圣的色彩。

3. 扎陵湖与鄂陵湖的错位

玛曲、卡日曲汇合下行后进入一片水草相连的滩地，当地称为“玛涌”，在这片亦滩亦河的宽阔的沼泽中，黄河行走约 40 千米进入两湖的怀抱。

这两座湖，西边的那座称扎陵湖，东边的称为鄂陵湖，两湖由约 20 千米的黄河河道相连接，是全球海拔最高且面积最大的姊妹淡水湖。

两湖位于北纬 34°46'~35°05'，东经 97°09'~97°54' 之

间，西邻星宿海盆地，东靠黑河北山，南有136平方千米的沼泽区，北望查哈西里山。黄河源另一大支流多曲，与那扎陇查河隔分水岭相望，发源于巴颜喀拉山北侧诺夫口窝钦峰，逶迤东北行约200千米后，在两湖间注入黄河。

从空中俯瞰，扎陵湖是一个不规则的三角形湖，东西长南北窄，北部为边，长约38千米，南端为尖角，平均水深8.9米，最大水深13.1米，海拔4292米。“扎陵”藏语意为“白而长”，据说，由于它相对较浅，湖面呈浅灰蓝色，故而得名。它的水面面积528平方千米，储水量为

温顺而秀气的扎陵湖，蓝天白云与浅灰蓝色的湖面相映成趣，一切都是如此的自然，毫无违和感。

46.7 亿立方米。鄂陵湖意为“蓝而长的湖”，它呈南北长东西窄的三角形，西边为底边，顶角位于正东略偏南；平均水深 17.6 米，最大水深 30.7 米，水面面积 644 平方千米，储水量 107.6 亿立方米，海拔 4268.7 米。

两湖的秀色是难以言尽的。夏日晴空，两湖湛蓝如碧，倒映着起伏的山峦和白云。无数的飞禽像天鹅、黑颈鹤、斑头雁、鸥鸟、鹰、鹞，上下飞舞，此唱彼合；倾斜的湖边草场上，各种动物如黄羊、野驴、藏羚、獾、兔、狐狸还有家畜牦牛、白羊、骏马、藏獒等，尽情地在大自然中奔走；湖中细长的裸鲤等高原高寒鱼类悠闲地摆动尾鳍，漫不经心地游来游去。湖岸形成一道连一道的巨大蓝弧，碧蓝的水波轻轻拍打着周围的砾石、草根、岸崖，把湖岸

鄂陵湖是松赞干布迎娶文成公主的地方，历史为其增添了一份神秘。图中的蓝色长湖远处与天相接，越发广阔而深远。眼前的彩色经幡迎风飘扬，还有用石头堆砌而成的一个个小型敖包，成为祈福的象征。

磨砺得平滑光润。冬季，高原整个被白雪覆盖，形成一个天地相接的世界，峻岭、矮丘、水泊、草甸都淹没在雪海中，阳光下的雪闪烁着珍珠般的光泽，两湖更显瓦蓝清澈，犹如玉宇琼楼里的明珠。

藏野驴是国家一级保护动物，普遍生活在高寒荒漠地带，有集群活动的习性，寿命一般在 20 岁左右。藏野驴生性胆小，在感觉到危险时，会迅速逃离。

在海拔近 4300 米的高原上，扎陵湖、鄂陵湖这两个由喜马拉雅运动托起的天池，仿佛一对秀丽的少女，依偎在茫茫高原那雄浑博大的肩头。

两湖古称“柏海”，与两湖有关的故事有很多。唐贞观十五年（641 年）文成公主与藏王松赞干布结亲，送亲与迎娶的队伍就在这里相会，驻扎在“柏海”边。

19 世纪 80 年代，俄罗斯冒险家普尔热瓦尔斯基（发现并命名青海湖普氏羚羊的探险家）进入两湖南部探测后居然宣称他们首次发现两湖，并为两湖分别起了俄文名字。这一举动，引起世世代代居住于此的游牧民族的强烈抗议，其所起的湖名自然也不为中国人承认。据史记载，普尔热瓦尔斯基也成为不受藏区民族欢迎的探险家，遭受到顽强抵制，最终没有实现他企望进入唐古拉山以南藏区的勃勃野心。

中华人民共和国成立后不久，国家组织了共和国第一次黄河源区的查勘工作，当时的考察队根据当地藏民的口音，认定鄂陵湖在西、扎陵湖在东，并将此写入了考察报告。1978年，由青海省测绘局再次组织多家单位参加河源考察时，发现当年两湖的名称搞反了，正确的称呼应当是“西扎东鄂”，为此，青海省专文报告国务院，予以纠正。但是不知为什么，在纠正湖名的时候，却没有对乡所在地的名称同时做出纠正，所以，直到今天，鄂陵湖东边的那个乡还是称作扎陵湖乡，这个乡又在玛多县，许多人为此感到疑惑不解。这也为到黄河源探险的人们增加了疑惑和趣味。

4. 乌黑闪亮牛头碑

到两湖，如果想看湖光山色，必须登高眺望。两湖间恰恰有这么一座神奇的山峰，藏语称这座山为“措日尕则”。

从玛多县城出发，行约 60 千米就到了湖边，再沿着蓝色大弧的边缘向西南方向行约 40 千米，就能看到这座山峰。此山海拔 4610 米，盘山公路上需行 20 旋，才可抵达山顶。山顶树有一块巨大的石基铜碑令人瞩目。此碑立于 20 世纪 80 年代，碑体设计极具风情，它以牦牛角为形，以乌黑色铸铁为材料浇铸并锻以麻点而成，硕大的一对牛角粗犷强劲，直指天空；其周围，布满各色哈达、经幡，在万里高原上、在阳光下、在风中，牛角黑光闪闪，经幡呼声猎猎。碑座上有分别用汉藏之文书写的“黄河源”的描红大字。因为有这样一块牛角形石碑，所以措日尕则山又被称为“牛头

山”。多数参拜河源的旅游者，站在这里，抚摸着“黄河源”3个大字，遥望远处银光闪闪的雪峰和两湖周边数不清的宛如丝带般从天际飘来的溪流，那种探行至母亲河源的激动心情，便会油然而生。

以牛角为原型，用铜板铸模镶嵌而成的牛头碑屹立在扎陵湖与鄂陵湖之间，是中华民族凝聚力和向心力的象征。牛头碑的周围布满了各色的哈达、经幡，反映出藏区人民虔诚的信仰。

据史料记载，唐贞观九年（635年），朝廷大臣侯君集、李道宗与吐谷浑作战，并登高观览河源，定是登上此山的。

值得参拜的，还有措日尕则脚下紧临鄂陵湖边的寺院。此寺院名为“苏泊多卡”，属藏传佛教尼玛派寺院，它守护着黄河源地区措日尕则、雅拉达泽等13座神山和众多湖泊，是藏族同胞心目中的无尽祥福之地。

5. 黄河源头第一县玛多

玛多，众所周知，即玛曲上游，玛多县，意即黄河上游之县；大家又知道，在玛曲曲果，还有一个麻多乡，又称为黄河源头第一乡。

慵懒的夕阳铺洒在断壁残垣上，耀眼的金黄色使得阴阳两面的对比格外鲜明，远处的山体与近处的残垣都是相同的土黄色调。青藏高原的傍晚，充满诱惑与诗情。

这是怎么回事呢?

如果从藏语语音来讲，二者其实是一样的，这两处均指黄河之上游而已，为了有所区别，在汉字标注方面，才有玛多与麻多之分。但是，如果从行政区划来看，这两地不仅居于不同的县治，而且还分属不同的自治州，玛多县属青海省果洛藏族自治州，而麻多乡则隶属于青海省玉树藏族自治州曲麻莱县。

从西宁出发，走214国道，翻越河卡山、鄂拉山、姜路岭等海拔4000米以上的垭口，自东北角进入玛多县境。国道斜穿全境，再自巴颜喀位山垭口出境进入玛多县。

玛多县南北宽207千米，东西长228千米，四周被高山环绕，中部地形开阔、平缓，滩地与丘陵相间，属典型的高原地貌。境内山峦起伏，河流纵横，湖泊众多，星罗棋布，历史上号称“千湖之县”，从地图上看，星星海、冬给措纳、苦海、岗纳格玛错、阿涌尕玛错、阿涌贡玛错等湖泊规模都很大。玛多县在青藏高原腹地，气候恶劣多变，据实测资料表明，县内最低温度曾达到-50℃。

玛多县城所在地玛查里，下214国道，向东北方向行约3千米即到。在黄河沿，有连接214国道的黄河桥，此桥曾号为“黄河第一桥”，桥西侧是黄河万里第一水文站，常年不间断地监测着黄河水量的变化。

麻多乡远离交通要道，无论从两湖还是翻越巴颜喀拉山从曲麻莱县折回，都要经过无数高山峻岭和沼泽水泊，在21世纪之前，其行程十分艰辛。所以，一般的旅行者，来到玛多县，并且沿鄂陵湖登上措日尕则山，观览河源，即称得上到了黄河之源了。所以，人们通常把玛多县称为黄河源头第一县。进入21世纪以来，国家加大西北地区基础建设，从县城到乡镇修筑了较好的公路，如今，行到麻多乡，进入约古宗列盆地参拜河源，已经变得相对容易了。

三、青黑色的山——巴颜喀拉

青藏高原乃万山之祖，分布着世界上最为著名的一系列山脉，自南至北分别有喜马拉雅山脉、冈底斯山—念青唐古拉山脉、喀喇昆仑山脉、唐古拉山脉、昆仑山脉和祁连山脉，其山脉纵横高拔、雪峰连绵，是中国及至东南亚大江大河的发源地。

巴颜喀拉山属于昆仑山脉的南支。

1. 江河分水岭

巴颜喀拉，蒙古语意为“富饶黑色的群山”，藏语称为“职权玛尼木占木松”，即祖山的意思。这一著名山脉是长江与黄河的分水岭。

巴颜喀拉山属于昆仑山脉中段南支，呈西北东南走向，长约 780 千米。其山脉西端起于东可可西里，可遥望昆仑山的玉珠峰，东至松潘高原和邛崃山脉。它的大部分地区海拔均在4500~5000米，其西端最高峰巴颜喀拉峰海拔5266米，东部最高峰年宝玉则峰海拔5369米。由于相对海拔较高，加之地域辽阔，所以，这里虽然群山起伏，雄岭连绵，但是相对来说山峰并不险峻，比较平缓，有的山峰很像米芾画笔下的五岭，浑圆粗犷。巴颜喀拉山属于大陆性寒冷气候，空气稀薄、气候酷寒，一年之中会有八九个月的时间飞雪不断，冬季最低温度达到-35℃左右。其中，玛多县有实测记录的最低温度是-50℃，许多海拔5000米左右的山峰有常年不融的皑皑积雪。温暖季节比较短暂，一般只有3个多月时间，而且气温较低，即使是盛夏季节，最高气温也不过10℃左右。

巴颜喀拉山古代称为“昆山”，又称“昆仑丘”或“小昆仑”。古籍《山海经》记载说：“昆仑山在西北，河水出其东北隅”。“出其东北隅，实惟河源”。可见从我国远古时代，人们就已认为巴颜喀拉山北侧为黄河的发源地。现代地理表明，巴颜喀拉山脉西部是长江北支楚玛尔河的各支流，西南部，长江东支当曲和西支沱沱河在唐古拉山镇东约60千米处的囊极巴陇汇合，又在曲麻莱县西的叶格镇附近纳楚玛尔河，形成通天河。最为明显的是其中段东经95°55'~96°20'段，黄河支流卡日曲、那扎陇查河与长江通天河支流色吾曲隔岭相望，在翻越加巧折西那峰时，能深刻体会到一山分两河的奇妙感受。

行至214国道上的巴颜喀拉山垭口，海拔高度为4824米。垭口两侧，东边是一座馒头形圆顶山，西边是两座毗邻的尖峰，海拔均在5000米以上。行进于此地，你最能真切地感受到什么叫作分水岭。巴颜喀拉山北坡平缓，南坡相对深切。由于该山系阻挡了北下的云团，其南坡雨量较大，从山坡伊始，水流相对急湍。从北面翻过山垭，你就能看到水量明显增丰。一条条小河，从山顶顺着沟哗哗地淌下，到了滩地，河道曲曲弯弯，形成较大的水泊，阳光下闪烁着五彩光芒，好似串串珍珠项链布撒在广袤的草原。成群的牛羊散放在河滩，在阳光和云朵下，它们的影子时而倒映在河边和小水泊里，时而又消融于草间。那种悠闲自在、不知今日何日的神态，好像时光到了这里就再也不曾向前行走。

2. 蒙古铁骑的风声

我们没有找到当年蒙古骑兵跨越这条山脉的资料，但是，通过青藏高原随处都可听到以蒙古语命名的地名，可以想见，成吉思汗的队伍在横扫中原后，这位帝王的野心

"套马杆的汉子你威武雄壮，飞驰的骏马像疾风一样，一望无际的原野随你去流浪……"矫健的身姿、飞驰的骏马，无疑是对这幅画面最好的诠释。

并没有止于平缓温和的平原地带，他的铁骑如强劲的北风一般，越过了祁连山脉、昆仑山脉、巴颜喀拉山脉，那疾风般的马嘶，甚至阻挡了翻过喜马拉雅山脉、唐古拉山脉上空的印度洋暖湿气流。在给巴颜喀拉这座雄伟的山脉以及周边起了一系列形象的名称，铁定了这里的山山水水已经属于彪悍的蒙古人后，成吉思汗继续西进，让高原的劲风伴随其铁蹄之声一直传遍欧洲大地。

虽然蒙古人的身影已经远离了这块土地，但是整个青藏高原上，蒙古人的影响依然顽强地告诉后人，他们曾经在这个寒冷的高原生息繁衍。无论朝霞升空还是夕阳西下，湖泊江溪上饮马的倒影，仍使我们依稀看到当年蒙古民族马背上的矫健和对扩张国土胜利的渴望。

3. 高原之舟——牦牛

巴颜喀拉山脉虽然地势高寒，气候复杂，但雨量充沛，山岭之间是广袤平坦的高原草场，这里适合被人们称之为高原之舟的牦牛和藏系绵羊生长，故有“牦牛故乡”之称。

青藏高原的牦牛是高原之宝，它常年生长在海拔3800~5000米的高原寒冷地带，是游牧民族生产、生活的百宝箱；它全身生长着粗而长的绒毛，既可以保护寒冷天气下的全身器官，又可以为牧民提供帐篷、衣物的原织物，其乳制品牛奶、奶酪是牧民的主要食品，牦牛体大力强，可以驮重超过本身体重的物品，有的驮重达到自身体重的115%；它还是牧民的坐骑，每日行走可达30~40千米。由于牦牛生长环境纯净、独特，在现代化的工厂，已经把其乳制品作为稀缺资源，加工为民族优质产品。

荒漠中几头牦牛在奔跑，尘土生烟，远处被雪覆盖的山峰似在静静地观望着这场“比赛”。一动一静的结合，让这片雪域高原更加的动人心魄。

牦牛生性善良，与人为友，同时它又是性格猛烈的牲畜，不惧群狼甚至敢于与棕熊搏斗，称之为牧民的“高原之舟”真是再恰当不过了。

4. 悠悠长长唐蕃古道

自青海省西宁至西藏拉萨，由现 214 国道连接，途经青海省玛多、玉树（结古镇）、囊谦、西藏昌都、那曲、拉萨，这条线路已有至少 1300 年的历史，在古代，称为唐蕃古道。

这条道路也有历史学家称为“西南丝绸之路”。古代，它东起长安城西至吐蕃古城罗些（即今拉萨），有 3000 千米之遥，并延伸至印度、尼泊尔，是中原大地与南亚相连的重要通道。

文成公主庙是唐代艺术风格与藏式平顶建筑特点的结合，传承着藏汉一家的文化理念，成为藏汉团结的象征。如今，这里成为信徒们顶礼膜拜的佛堂，香火不断。文成公主也成为对汉藏往来、文化交流与繁荣作出杰出贡献的历史人物。

唐蕃古道流传最广应是唐代文成公主的故事。据史载，公元629年，年仅13岁的藏人松赞干布继任，经3年大小征战，完成了青藏高原上的统一，并于公元632年跨过雅鲁藏布江定都罗些。这位吐蕃大王颇有战略眼光，通过与周边国家结亲达到和平目的。在东方，经过几番讨婚，与唐太宗李世民达成协议，唐太宗将宗亲文成公主许嫁。自此，1000多年来文成公主的故事，便流传在这条古道上。在日月山，有文成公主回首遥望长安泪涕滂沱的日亭、月亭，在年宝玉则，众多的湖泊是文成公主思念家乡的泪珠，在鄂陵湖边，有送亲、迎亲的队伍驻扎于“柏海”“观览河源”的故事，在结古镇，有香火甚旺的文成公主庙，在拉萨，甚至最宏伟巍峨的建筑群布达拉宫，也是为文成公主而建。而文成公主为汉藏民族的往来、文化的交流与繁荣所作的贡献，更是具有划时代的意义。文成公主也与内地大禹一般，其足迹与传说，遍布青藏高原。在如今沿格尔木向南的青藏公路上，也有许多文成公主的传说，而青藏线，则是另一条唐蕃古道。

5. 年宝玉则和他的女儿——仙女与妖女

仙女与妖女是巴颜喀拉山脉中的又一对美丽湖泊。

巴颜喀拉山自可可西里向东绵延 700 余千米，它的最高峰年宝玉则位于山脉东段，其最高峰 5369 米，虽然在众

年宝玉则妖女湖，陡峭而荒芜的山体，山顶的皑皑白雪，青灰色的湖面，整个画面与妖女湖的名称相呼应，令人不寒而栗。

雪山中不算很高，但是却非常有特色。

年宝玉则坐落于青海省果洛藏族自治州久治县境内，为一群海拔 4000 以上的山峰群组成，山群方圆近 1000 平方千米，位于北纬约 33°18'，东经约 101°6' 间。在它的周围，冰川痕迹十分明显，到处散落着巨大的砂砾质的椭圆形石

头，这是冰川剧烈运动的结果，同时也形成了年宝玉则群峰有如箭簇的嵯峨形态，大多数晴空下，群山山尖白雪皑皑，山体挺拔刚劲，青灰色的山尖直刺蓝天，高山融水化作线形瀑布高挂岩壁，滚雪堆云、滚珠溅玉，最后汇入周边山脚 360 座大大小小的湖泊之中。

年宝玉则仙女湖，与妖女湖不同，仙女湖宛如一个妙龄少女，与周围的景色融合在一起，如梦似幻。近处是刻有藏文的石块，还有一个小型敖包。

年宝玉则译为“圣洁的松耳石峰”，又称“果洛山”，是藏族果洛部落的神山。传说，果洛草原上有一位英武的猎人，他曾经搭救了年宝玉则山神的儿子。在一次山神化为白牦牛与恶魔搏斗的紧急关头，猎人又一次出手相援，用箭射杀了恶魔，为感恩，山神将自己的女儿许配于猎人。婚后，两人生了 3 个儿子，分别叫作昂谦本、阿什羌本和班玛本。果洛上、中、下 3 个部落，就是两人的后裔。

年宝玉则周边号称有 360 座湖泊，但最为壮观的是山体西部的一对姊妹湖，她们一个称作仙女湖一个称作妖女湖。

妖女湖位于年宝玉则山脚下，由于紧临峭壁，乱石嶙峋、坡陡岩滑，而且日照偏少、雪山融水冰冷，湖的周围植物稀少，常常有严冬打雷、盛夏飞雪、风起石鸣、冰雹突降的气候异变现象，所以，此湖湖色青灰、静谧，人们到此，常常有不寒而栗的感觉。

妖女湖与仙女湖之间有一条 2 千米左右的河道相连。

仙女湖位于年宝玉则的西北出口。此湖三山环抱，一面为约 1 千米长的古冰碛陇，湖水在陇中央蚀穿一道口子，形成小溪，在陇后一片广大沼泽地中向西北方向蜿蜒而去，最后汇入黄河。翻过冰碛陇，有许多巨大的鹅卵石横卧于草地，上面镌刻有“八万年历史见证”“冰川漂砾”等汉字，告诉人们这里的地质形成情况。

仙女湖呈长梭形，宛如一个身材修长的少女。冰碛陇的斜面一直伸入湖中，斜面上长满了各色花草，湖的对面，就是兀立的青灰色的山峰，有一道“飞流直下三千尺”的瀑布映入眼帘，仙女湖畔的山峰常常出现薄纱一般的腰云，这些云在微风吹拂下划过水面，为少女蒙上神秘的面纱。

这些峻峭的山峰、腰云和蓝天白云的影子映照在镜子般的湖面上，如梦似幻。

当地藏族有“马年转山，羊年转湖”的习俗，用转山转水祭拜佛祖的方式，来祈祷人生平安祥和。

【卷二】 华丽转身恋高原

黄河自玛多县城南穿过黄河沿大桥，与 214 国道并行向东约 25 千米后，开始转向东北方向前行，在南巴颜喀拉山、北阿尼玛卿山之间迂回前行，进入青甘川交界地区受邛崃山、岷山阻挡，在诺尔盖草原的西缘做出一个华丽大转身——这就是著名的黄河第一弯；之后，大幅度折向西北方向，受鄂拉山阻挡，又转而继续向东，入龙羊峡。

这两个近乎 180° 的大转弯，为黄河带来了丰沛的水量和旖旎高原风光的盛誉。

一、藏传佛教四大神山之——阿尼玛卿

阿尼玛卿山是黄河流域第一高山，在黄河博大的怀抱中，显得意韵悠长。

1. 曾被视作世界最高峰

阿尼玛卿山坐落在青海省果洛藏族自治州境内，属东昆仑山东端北支尾部，位于北纬 34°48'、东经 39°24'。主山体长约 28 千米、宽约 10 千米，山体为 砂岩、石灰岩及花岗岩构成，共有 18 座海拔 5000 米以上雪峰，其主峰由 3 座海拔 6000 米以上的峰群组成，最高峰玛卿岗日峰海拔达 6282 米。

国外探险家曾一度认为阿尼玛卿山为世界第一高峰。20 世纪 20 年代，美籍奥地利探险家、地理学家、植物学家约瑟夫·洛克根据地势和位置，认为这一雪山的高度超过珠穆朗玛峰，约为海拔 8500 米；1949 年美国登山探险家雷纳德 · 克拉克登临此山时，测量它的海拔高度竟为 9041 米；直到 1970 年，我国有关部门测得雪山主峰准确高度为海拔 6282 米。

阿尼玛卿是世界公认的美丽雪山之一。高原强烈的阳光下，连绵的雪山与周边无际的草甸形成对比，冰川冰舌凝固在沟谷中，无数的溪流在蓝天相映下呈蔚蓝色，向四面八方淌去；晨光与夕辉下，雪山仿佛黄河怀抱中巍然伫立的金山，雄浑伟岸、庄严宁静。

阿尼玛卿是一座生物繁茂的山群，在众多溪流交织中，有郁郁葱葱、绿草如茵的草甸；走近大山，海拔3600~3800米，是高大苍翠的云杉、圆柏等耐寒性针叶森林，再往上，在海拔3800~4000米，是以金鹿梅、山柳、杜鹃等为主组成的灌木丛；雪线附近，则是高原牧场，盛夏时节，黑色牦牛、白色羊群和欢腾的骏马、牧羊犬，在这里尽情地撒欢；花间草地和灌木丛中，生长着大黄、当归、冬虫夏草、贝母、雪莲、蘑菇、蕨麻等几十种药材，令阿尼玛卿雪山生机盎然。

阿尼玛卿山的美为世界公认，高原的日出是难得一见的美景。图中的阿尼玛卿群峰，在日出之光的照射下显得金碧辉煌，仿佛黄河怀抱中矗立的金山，庄严而宁静，神圣而不容侵犯。

2. 藏传佛教的神山

“阿尼玛卿”为藏语，其意为“黄河流经的大雪山先祖”，它与西藏的冈仁波钦、云南的梅里雪山、青海玉树的尕朵觉沃并称青藏高原“四大神山”。

在安多藏语中，“阿尼”为“祖父、祖先”之意，“玛”即指孔雀河、黄河，“卿”为“博大、雄伟”，也有“神力无比”的含意在里面。可以说，阿尼玛卿被赋予了多重神圣的含意，它是藏族奉为开天辟地的九大造化神之一，藏传佛教中活佛座前的最高侍者，专司安多地区山河沉浮

和天地变化，是藏族的救护神；它又与藏族神话传说中的格萨尔王联系在一起，据《英雄诞生》的一个版本所说，格萨尔王是阿尼玛卿和龙女果萨拉姆所生，阿尼玛卿山又是格萨尔王寄托灵魂之所。

3. 黄河的水塔

中原地区对阿尼玛卿山也早有认识，司马迁《史记》中援引《尚书·夏书·禹贡》的记述："禹抑洪水十三年，过家不入门……道河自积石，历龙门"。积石山，即指阿

阿尼玛卿山的冰川。阿尼玛卿山由现代冰川发育，大小冰川有很多，是黄河水量的保证。阿尼玛卿山东北坡的哈龙冰川是黄河流域最长最大的冰川。

尼玛卿山，可见中原地区最初认为黄河源于此山。而《宋史·河渠志》则认为，阿尼玛卿山名为昆仑山，而积石山在甘肃境内，其记云：（黄河）“贯山中行，出西戎之都会，曰阔即、曰阔提者，合纳怜河，所谓‘细黄河’也，水流已浊。绕昆仑之南，折而东注，合乞里马出河，复绕昆仑之北，自贵德、西宁之境，至积石……”这恰好与章首我们叙述的黄河流向和流经山脉相一致。

阿尼玛卿山山脉还包括向东延伸至诺尔盖盆地西缘的部分，整个山脉是黄河上游重要水源区之一，它现代冰川发达，有大小冰川 40 余条，源源不断的溪流为黄河提供丰沛的水量。围绕山脉，自南麓至北麓，大的入黄支流有优尔河、西科河、东科河、切木曲和曲什安河等，这些河流多年平均水量有 30 多亿立方米，占黄河源头至唐乃亥间总水量的 1/6 左右。

这些河流，还有一个显著的特点，那就是发源高、流程短、落差大，像切木曲，其发源点海拔 5384 米，河长仅有 151 千米，抵达入黄口的海拔高程为 2910 米，落差达到 2474 米。也就是说，河水每向前行 1 千米，高度就要下落 16.5 米。再如，发源于北麓的优尔曲，河长仅 81.5 千米，落差达到 774 米，每千米有近 10 米的落差。其他几条河流也与这两条河类似。读者可以想象，除了平均值外，在流经的许多地方，这些河水都会像瀑布一样，或跌宕起伏、万马奔涌，或飞雪流云、溅珠漱玉，气势汹涌，蔚为壮观。同时，河的两岸与周边，山路崎岖险要，人迹罕至。有兴趣的读者，可以溯河而行，进行一番探险考察。

其向西北方向的水流，则注入玛多县冬给措纳湖，最终流向格尔木盆地。

二、唐克湾的弦歌

黄河在四川唐克湾汇合了白河，在大地上划了巨大的对号，又好像中国高原的华尔兹旋步，充满了柔美和力度，为中国西部增添了无限魅力。

1. 高原第一湾

黄河第一湾位于四川省诺尔盖县唐克乡北约 12 千米处。在大湾的顶弧，有一座高约百米的山岭，观赏黄河第一湾，登高望远，非它莫属。

沿山道拾阶而上，会发现，随着高度的变化，黄河在你眼前呈现出无穷的变化：初为南北流向一“扁湖”，再登高一看，自南而来的白河汇入黄河，继而一望，大河如泼墨之笔写游龙，摇头甩尾自西而来，继续登高，黄河如丝，从天际渐次飘来。远山如黛，大地辽阔。

四川诺尔盖县唐克乡的黄河第一湾。登高远望，黄河曲曲折折，一个半圆接着一个半圆。俯瞰黄河边上的人家，袅袅炊烟，鸡犬相闻，田园风光甚是绮丽。

从空中俯瞰，这是一个纵横数百千米的盆地，地理上称为诺尔盖盆地。它仿佛是由岷山和巴颜喀拉山托起的一只巨大的碟子，由东南向西北方的阿尼玛卿山倾斜，这个碟子的中心，就在唐克镇附近，所以，这一带又被称作“唐克湖盆”。由于地势平坦，这里沼泽相连，绿地如茵，水泊遍布。黄河从上百千米之遥自西北向东南飘来，天际处，只如一缕青丝，曲曲折折，一个半圆接着一个半圆，逐渐向你眼前伸展，越来越宽广，终成一条大河；在这片盆地里，黄河水面变得平缓如镜，好像一个调皮少女忽而长为大姑娘，变得平静、端庄、羞涩，又不失婀娜。发源于巴颜喀

拉山东端的白河，经过500里路途之遥，似乎变得有些劳累，悄悄而轻微地偎入她的怀抱。两河相汇处，几乎分不清哪个是黄河，哪个是白河。

唐克湾是摄影爱好者拍摄黄河的绝佳地段。这里视野开阔、两河环抱，远山近水、沙洲遍布，草原如毯、灌木杂丛，帐篷点点、炊烟袅袅，牛羊漫步、鸡鸣犬吠，既有中国山水画之旷远，又有田园风光之秀丽，早晖夕阴，晴空雨虹，变幻莫测，气象万千。

唐克，当地藏族百姓称为“嫣唐热娥妃”，这是古代

注：1里=500米

一位女子的名字。传说，一位叫马扎西昂的藏族小伙子，放马由缰，逐水而行，来到这里创业；当地一位叫唐热的大土官看中了年轻小伙的坚强聪明，便将自己的女儿许配给他。夫妻二人勤奋节俭，经过努力，家业逐渐兴旺起来，成为这一带的大部落。因为这位女子是唐热的女儿，又是这个部落的夫人，当地百姓称这个女人为“唐克”，随之这一部落也就被称为“唐克”。

2. 黑白河与邛崃山

诺尔盖盆地处于青甘川交界处，位于黄河干流、黄河支流白河、黑河与长江支流白龙江、岷江、大渡河等数条著名河流分水岭处，地理位置十分独特奇妙。1973 年前，教科书表述是，黄河流经中国 8 省区。这种表述就是忽略了这一角。此后更正，加入了流经四川省。黄河虽然只是在这一角飘然而过，但是慷慨的诺尔盖不以途短而不予，向黄河奉献了两条水量充沛的河流——白河与黑河。

白河发源于巴颜喀拉山东端查勒肯，全长 269 千米，全境在四川省境内。白河相对于黑河而言，两岸沼泽泥炭发育较弱，河水清澈明亮，故称为白河。黑河发源于岷山西麓海拔 4335 米的冬亚恰，自东南向西北方向流，全长 456 千米，于甘肃玛曲县境东南的曲果果芒附近注入黄河。黑河因多数河段流经泥炭沼泽，河水呈黑色，故称为黑河，又称“墨曲”。

两河水量丰沛，年水量达到 36 亿立方米，地下水资源有 13 亿立方米。

黑河与白河流经这样一个盆地，水流阻滞，有许多大弧度的呈“Ω”形（又叫牛扼弯）的河湾，比如四川红原县的月亮湾，就是一个著名观景之处。站在公路旁边一处小山岳上，月亮湾呈弦月形，河水清澈，蓝天相映，草原广阔，山峦起伏，如果是晴空月夜，一轮明月悬于高空，或如澄镜或如细钩，与地上平静的月亮湾交相辉映，令人飞思遐想、流连忘返。

据考证，黑、白河流经的诺尔盖盆地自第四纪初以来向东南方向推移，受刚硬的四川地块的阻挡，地块边缘倾起，盆地内部变得相对凹陷下沉，造成河网稀疏、水流不畅的地理特性，原本冰川作用形成的宽谷河床的堆积物以及高寒湿

黑河因多数河段流经泥潭沼泽，河水呈黑色，故称黑河。图为黄河源区的黑河湿地，然而这片生态系统如今却在渐渐退化。

润条件下草本植物腐化不彻底，这些因素加快了泥炭堆积和沼泽发育，形成了我国中纬度高寒地带最大的一片泥炭沼泽地。这片沼泽地的泥炭厚度一般为 2~3 米，最厚处达 9 米，地表会常年积水，表面呈草丘团状，人畜行走其上，常常会陷下去，造成灭顶之灾。旅行者行到此处，对于美丽的诱惑，要有清醒的认识，千万不可贸然冲进草地，以免不测。

这一地区作为长江、黄河的分水岭地区，有人预测，在地球构造不断变化的情况下，按照河床溯源冲刷向上延伸的原理，白龙江、岷江、大渡河、白河、黑河等数条河流，将会相互袭夺，也许有一天，不知哪两条河的源头贯通，形成新的一条大河或改变流域版图也未可知。当然，这一天，是以地质运动年代数十万、数百万年计的。不知谁有幸能看到这一奇观呢？

3. 美丽的甘南草原

黄河在唐克大转弯，接纳了白河、黑河，进入甘肃省南部地区，通常称为甘南藏区。

甘南地区的玛曲、夏河、碌曲 3 县，多为草甸草原，有许多美丽的大草原和生态湿地，如西梅朵合塘、桑科草原、玛日扎西滩、金木多扎西滩、宋葛尔等，还有甘南藏族心目中的圣湖“尕海”。这里海拔在 3400~3100 米，地势平坦、气候适宜，比之海拔 4000 米以上的高寒高原来说，这里更适合人们度假休闲。

进入夏季，绿色的草原其实是一片花的海洋。这些花，有的较矮，好似情人与绿叶依肩偎怀；有的亭亭玉立，像骄傲的少女在微风中摇曳腰肢。说到色彩，那更是令人眼花缭乱：有金灿灿的金莲花、粉红色的花毛茛、紫色的狼毒花，甚至有极为罕见的蓝色龙胆花。这些五彩花朵，有的小如豆籽，有的大若拳掌，在狂奔的马影和嘹亮的歌声中，仿佛一幅巨大无边的画卷，沿着黄河首曲，铺展在远处皑皑雪山和深蓝色天空下，令人心醉神迷，好似流连在天堂世界。

西梅朵合塘位于玛曲县城以西约 120 千米的欧拉秀姆乡，绵延达数十千米；桑科草原又称达久滩（意为跑马滩），位临夏河县城西南侧，是一片群山环抱、中间平坦的高山草原，大夏河自南至北缓缓穿过。

甘南藏区牧民夏季的盛大节日是香浪节。每年 7 月中旬鲜花盛开的时候，藏族同胞穿起节日的盛装，举家出游，在草原上、黄河边，搭起绛色、白色帐篷，亲朋好友欢聚一起，举行煨桑、赛马、摔跤、歌舞等一系列具有地域特色的狂欢活动。入夜，男女老少围着篝火，跳起锅庄舞，热烈奔放、浪漫多情。

甘南最著名的湖泊是尕海。它位于玛曲县城东北约 50 千米一个山间盆地中，湖东临 213 国道，沿公路行车可远览湖光山色。尕海好似一个以西北角为顶点向南展开的扇子，水流从西北角经一段约 4 千米的小峡谷后流进一片沼泽地，形成小溪，行约 50 千米后入洮河。尕海四面环山，坡势平缓，水面一眼望不到边，湖岸湿地相连，似水似草，好像一块块蓝天白云和绿草打底的油彩画，不时有水鸟划过天空，打破寂静的水面。湖的东北角修建有一座四檐挑角的木质瞭望塔，是眺望、拍摄湖中飞禽的绝佳处。

甘南藏区还是藏传佛教寺院的集中地，最为著名的是拉卜楞寺和朗木寺。

拉卜楞寺位于甘南藏族自治州夏河县，是藏传佛教格鲁派六大寺院之一。寺院具有藏民族显著风格，重要佛殿均筑有铜质鎏金法轮、阴阳兽、宝瓶、胜幢、雄狮等，有的殿堂屋顶有鎏铜瓦和绿色琉璃瓦，雕梁画栋，金碧辉煌，

几匹马儿悠闲地漫步在美丽的甘南草原，低头寻觅着食物。远处皑皑雪山云雾缭绕，深蓝色的天空、绿色的草原，仿佛是一幅巨大无边的画卷，犹如仙境般让人流连忘返。

在高原雪山下，尽现庄严巍峨、宏伟磅礴之势。

拉卜楞寺还以丰富的藏书闻名。藏书分为哲学、密宗、医药、声明、历史、传记、工巧、天文、文法、修辞等10余类。这些书籍中，有黄教创始人宗喀巴的原作真迹，有达赖、班禅和各大活佛的论著，还有用金汁书写的《贝叶论》《贤劫经》、银汁书写的《松赞干布传记》，以及用金汁、银汁、珊瑚、松耳石、珍珠粉汁书写的《金刚经》等稀世珍本。拉卜楞寺既是国宝，同时也为世界各国佛教界所瞩目，被誉为“世界藏学府”。

朗木寺位于甘南碌曲县60千米的一处深山丛中。朗木寺最为奇特的是一寺两省，隔着一条小溪，西北一寺坐落在甘肃境内，东南一寺坐落在四川境内。这条小溪大名鼎鼎，就是嘉陵江上游白龙江的源头之水。

甘南地区，值得背上背包，满载着梦想与豪情一游。

三、青海的青海湖

青海湖并不在黄河流域，而是一个独立的水系。但是，黄河水自唐乃亥入龙羊峡，完成了她的源头之旅。向北眺望，隔青海南山山脉，就是青海湖。这一带，是旅行者必去之地。

还是让我们的脚步放远些，先到这里看一看。

1. 农牧分界线——日月山

日月山位于北纬 36°26'33"、东经 101°5'48"，其最高峰海拔 4877 米。日月山是中国青藏高原与黄土高原、中国农业与畜牧业的分界线，地理位置重要，地位突出。因山岩多为第三纪紫色红岩，山体呈红色，唐代称为“赤岭”，是当年唐蕃古道和丝绸之路的必经之地。

现在人们所指的日月山是坐落于原 109 国道垭口处两

对峙山峰的一处景点，这里海拔约 3520 米，道路两旁的山峰各建有一座亭子，分别为日亭、月亭。日月山、日月亭与唐朝文成公主的故事紧紧联系在一起。为了对这一景点进行保护和开发，原经日月山垭口的 109 线进行了改线，于山之南坡另辟新路，成为“西宁—倒淌河”公路的一段。

传说，文成公主远嫁藏王松赞干布时，皇宫特为公主打制了金银宝镜一对作为嫁奁，并告诉公主，如果思念亲人，可拿出这一对宝镜照一照，亲人会立即从镜中出现。迎亲藏使禄东赞机敏过人、虑事缜密，当他得知公主有这么一对镜子后，为了打消公主对父母和故乡的思念，就偷偷把金银宝镜换为石制镜子。唐贞观十五年（641 年）的正月，正是寒

广阔无垠的草原，蜿蜒的 109 国道，奔驰的汽车，还有远处蓝天白云下的日月山有机地组合在一起，成就了如今日月山独特的草原风情。

风呼啸、滴水成冰的季节，嫁娶的队伍行至内地与吐蕃分水岭——赤岭。站在古道垭口，文成公主西望高原，山野茫茫、衰草无边，东望家乡山重水复、遥遥无际，思乡之情由然而生，便令人从行囊中拿出宝镜来照。谁知，一对宝镜早已被偷偷换为石镜，哪里还能看到亲人。禄东赞趁机劝说：“公主的父母贵为人主，财宝无数，却以石镜赠女陪嫁，未免是重财轻人”。文成公主闻听此言，黯然神伤，两泪涟涟，思前想后，知此生命运必与吐蕃相连，遂决绝摔镜，无顾前行。而公主所摔破的石镜，即成为日、月二峰。

目前，日月山风景区的公主泉、回望石、日月亭以及亭中的壁画，无一不是与文成公主有关的故事。

站在日月山上，东西两望，风景迥异。山之东侧，为中国传统的农业区，梯田阡陌纵横，乔木高大笔直；山之西侧，风吹草低，牛羊成群，崇山峻岭直抵云际，你能够真切地感受到“草原门户”的独特风情。古代，中原地区与高原民族的往来必在此地驻足，或进行物质交流，或流连小憩，由这里西眺青海湖，所以，日月山又被称为“西海屏风”。

2. 倒淌之河

倒淌河发源于日月山西麓的察汗草原，自东向西注入青海湖的子湖——耳海（藏语称：措果），河长仅 40 千米。此河渊近流短，河床曲折蜿蜒，河水清澈平静，好似一个女人忧伤的泪水。因流向与众多向东的河流方向相反，故称为倒淌河。其实，不仅在全国，即便在青藏高原上，自东向西流淌的河流也不少，为什么独此河称为“倒淌河”呢？这是一个历史之谜。而传说之一是，这条向西流淌的河水，是文成公主离开日月山后，伤心难忍，泪流不止，泪水形成小河，由于西去之心已决，所以，她的泪水也不停地向西流淌了。

据地理学家考证，青海湖水系包括倒淌河，远古时期同为黄河流域，其水注入黄河。而且，倒淌河的地质情况显示，它曾经是青海湖最长的河流布哈河进入黄河的古河道。大约 13 万年前，随着青藏高原的地质运动，日月山、野牛山隆起抬升，阻断了外流河道，致使山之西侧的河水逐步改变方向，形成今日之倒淌河。

倒淌河发源处现为倒淌河镇。该镇为自东向西、Y 字形的布局。以西宁市为原点的青藏公路、青康公路，在此镇分别向西北、西南方向延伸。向西北延伸的，至青海湖达格尔木后向南翻越昆仑山进入可可西里，最终达拉萨，此为 109 国道；向西南延伸的，至共和县恰卜恰镇，翻河卡、鄂拉高山达玛多县，再翻越巴颜喀拉山，进入玉树，而后进入四川或西藏，为 214 国道。镇中路口处有一汉白玉的文成公主塑像，坐西面东，裙裾飘然，似乎告诉古今中外旅行者，高原之风的魅力诱惑。

3. 天下第一的青海湖

过了倒淌河镇向西北方向望，即可隐隐看到天边一缕蔚蓝在周山环抱之中。那就是全球海拔最高、面积最大的内陆咸水湖——青海湖。青海湖蒙语名为“库库诺尔”，藏语名为“措温波”，其意均为“青色的大湖”，青海省亦因青藏高原上的这座大湖而得名。

青海湖是大自然馈予青藏高原的瑰宝。

它介于北纬 36°32'~37°15'，东经 99°36'~100°46'

之间，现海拔约 3196 米，湖面约为 4300 平方千米，相当于西藏纳木错湖的 2.2 倍（纳木错海拔 4718 米，面积 1920 平方千米，是全球海拔最高的咸水湖）。青海湖群山环抱，其东是日月山，西南是山势嵯峨的橡皮山，西北为丘陵和天峻山，南依拉脊山（又称青海南山），北望大通山，山岭海拔大都在 4000 米以上，流域最高峰岗格尔肖合力峰海拔 5291 米；有 40 余条河流源源不断注入湖中，是一个自成体系的闭流湖区。

6~8 月是青海湖最美的季节，在深蓝色的天空背景下，白云朵朵从高山背后升起，一望无际的“海水”真如大洋

远处蔚蓝的湖面与蓝天相接，让青海湖如大海一般水天一色。周山环绕中的青海湖是大自然赠与青藏高原的瑰宝，无论是夕阳西下，还是烈日当头，它的每一个时段都会呈现出不同的美。

一般，碧波浩渺、水天一色、澄澈纯净、典雅华丽。从高山顺铺下来的绿色草原，一直延展到湖边，四面八方流淌的溪流，回环往复，时宽时窄，其间还串连着一个个小湖泊，似乎是一条条晶亮的珍珠项链，悬垂于湖岸。特别是油菜花盛开时节，从山坡到湖岸好像金黄与碧绿相缀的地毯。海洋般的湛蓝、无垠的碧绿、方形的金黄以及蓝天白云，形成青海湖风光浩瀚粗犷兼具秀丽隽永的别样美景。夜晚，一轮巨大的圆月从日月山升起，如果此时你从远处瞭望青海湖，湖岸好像比周边略高，湖水圆润饱满，在银亮的月光下，群山伟岸高峻，湖水波光潋滟、将溢未溢，而且，你离湖水越远，湖水似乎越高、亮度越明。可谓是高空明亮，湖波潋滟，冰清玉洁，天上人间。

如今环青海湖一周约 350 千米。据史料记载，1500 年前的北魏时期，环湖一周号为千里，唐朝时，尚称“八百里西海”。湖岸后退、湖面下降、湖水减少，是因为青海湖地处高寒半干旱地区，入湖水量与蒸发量相比，每年逆差约 5 亿多立方米。青海湖地区连同青藏高原曾是古地中海的一部分，随着欧亚大陆板块漂移，地壳抬升，青海湖周边高山隆起，形成 3 倍于今天的巨大湖泊，并且湖泊与黄河相通相连；约 100 万年前第四纪地质运动，湖东的日月山隆起，阻断了湖水东进的河道，约 13 万年前，逐渐形成今天的闭流湖区。又据专家分析，在地质、气候、降雨等条件不变的情况下，随着湖面减小到一定程度，那时青海湖入湖水量与蒸发量就会基本平衡，达到稳定。当然，前提是，人类要珍惜自然，呵护自然，保护我们的绿水青山。

无论登高嵯峨的拉脊山还是近临喧嚣的鸟岛，无论是查阅纵横史书还是观览五彩风光，青海湖远近皆宜，是旅行休闲的必去之地。

四、天下黄河贵德清

我们还是回到黄河身边。

沿着甘南美丽的草原，黄河进入峡谷与宽川相间的地带，回到青海境内，受鄂拉山脉影响，在青海省兴海县曲什安、唐乃亥附近再次大转弯，向东北方向流去，进入龙羊峡水库。龙羊峡水库是万里黄河第一坝，其高度、库容、工程地位，都属黄河龙头老大。这一带峡高谷深，水能资源丰富，龙羊峡以下建有大大小小一连串水库。清洁、低耗、可循环利用的水能资源，形成“高峡平湖”，不仅为西北地区输送了宝贵的电力，而且水质纯美、碧水清流，为这一带赢来“天下黄河贵德清”的美誉。

1. 清清浊浊唐乃亥

唐乃亥为藏语，意为“黑滩”。唐乃亥被人们称为黄河源区的门户。从源头第一滴泉水发祥，到这里止，可以说，黄河走过了她的童年时光，净澈、奔腾。在广阔草原上，她无拘无束、自由散漫，在深山峡谷中，她放浪不羁、跳跃狂躁，好像一个人的童年时代，似乎无所作为，但生性中在孕育着成熟。之后，她将以其巨大的能量，负担起母亲河的责任，走过不平凡的路，为沿岸带来丰收和富足。

唐乃亥是青海省兴海县所辖的乡所在地。兴海县地处鄂拉山东部的平原盆地。从山巅望去，盆地似乎是一马平川的大草原，但是有数条河流把草原切割出深而宽的大沟，沟上草原呈现风吹草低见牛羊的景象，一般是游牧民族生活的区域；沟下河流曲折，汀渚、绿洲相间，有灌溉之便，庄稼、蔬果郁郁葱葱，一般为农耕人家居住。唐乃亥就位

唐乃亥乡处于黄河与大山的怀抱中。黄河自右向左逶迤而来，大山挡住了西北强劲的干风，黄河河谷成为美丽富庶之地。

于这样地形的沟底，它在黄河干流与支流大河坝河的汇口处，黄河自西向东而来，在弧弯顶角，有一条支流名为大河坝的河悄悄汇入。站在唐乃亥西边陡峭的崖边，俯身下望，大河在数千米或数百米的宽谷沟中游荡。唐乃亥以下，河水进入龙羊峡水库，一路狂奔挟带的泥沙和混浊色彩，都悄然放下，形成碧波浩渺的高原平湖。

2. 龙羊峡谷羊跳堑

据了解，“龙羊”实为藏语的音译。“龙”是沟谷的意思，“羊”是峻崖之意，由此可知这一带峡谷的陡峭峻险。

站在日月山巅远看，龙羊峡谷杳无痕迹。这一带被称

龙羊峡，河流自狭窄的峡谷中涌出，势如野马，两岸是暗灰色的山崖，陡峭而险峻，河流明亮的碧绿色与两岸灰色调的山崖形成鲜明的对比，也是高原一处奇特的景象。

为共和盆地，是由鄂拉山脉、青海南山山脉、秦岭西倾山3条山系裹挟的东西长约280千米，南北宽30~95千米的远古冲积平原；喜马拉雅运动时期这里发生了“共和运动”，山地隆起造成了平原起伏；晚更新世，这一段黄河开始贯通，在高原抬升过程中剧烈切割，形成了平原上深达200~800米的龙羊峡、野狐峡等峡谷。这些峡谷深且窄，如龙羊峡口，仅30米宽，这样狭窄险峻的峡谷，传说高原山羊和狐狸可

以一跳而过，故而名之。从谷底仰望天空，天堑一线；从山顶俯瞰峡谷，急流汹涌，势如野马。龙羊峡谷两岸为坚硬的花岗岩，河谷两岸是一片宽阔平坦的盆地，是建设大型水库的理想地带。

自 1976 年开工建设，龙羊峡水库已建成目前我国海拔最高、库容最大的水利枢纽，也是我国海拔最高、面积最大的人工“天湖”，湖面积达 380 余平方千米。它的坝高有 178 米，坝长 1226 米，总库容 247 亿立方米，装机容量 128 万千瓦，年发电达 60 亿千瓦·时。站在大坝上向西眺望，云海相接、一碧万顷，向东俯视，壁立千仞、陡峭险绝，瀑布从中而来，声如巨雷，清雾弥漫，构成高原奇特的景象。

3. 碧绿黄河美贵德

“天上黄河贵德清”，原是民间谚语，2000 年 7 月，时任国务院副总理的钱其琛先生来贵德，看到这里黄河如此清澈碧绿，高兴地题书了此语，从而使贵德黄河声名鹊起。

黄河出龙羊峡后，川峡相间，一束一放，经拉西瓦峡谷，过三河谷地，出松巴峡。贵德县就在这一束一放间行进 76.8 千米，境内四面环山，平川开阔，土地肥沃，县城所在地河阴镇地处宽谷，河水从中穿过。由于龙羊峡水库的沉淀，出库之水无丝毫纤尘，她不似河流源头之水清澈而浅淡，也不似深潭秋水深绿如墨，而是一种浓郁青绿，加之河床变宽、河势平缓，一带绿水碧如翡翠，远处是淡赤色或青灰色起伏的山峦，近岸是丛柳和高大的白杨树相依，愈加映衬出宽广碧绿的大河，舒缓有致地向下游涌动。信步黄河岸边，你不由想起白居易“日出江花红胜火，春来江水绿如兰”的诗句，宛如身处江南风光之中。

紧邻黄河岸边建有一座巨大的莲花底座托起的转经轮，号称世界上最大的转经轮，基座为 48 瓣、15 米高的乳白色的莲花座，基座正方“中华福运轮”几个大字，为十一世班禅额尔德尼·确吉杰布用汉藏两文书写，莲花瓣上的转经筒直径 10.22 米、高 26.285 米，耸立于蓝天白云间；转经筒全身以紫铜铸就，经筒上的浮雕分为 3 层，最上一层是 8 尊佛像，中间层是吉祥八宝图，底部为 16 尊佛母像，

图为贵德县的黄河段，有“天上黄河贵德清”的美誉。这里的黄河水浓郁而青绿，碧如翡翠。起伏的山峦，翠绿的丛柳和高大的白杨树相依，一派秀丽的江南风光。

浮雕表面贴以金箔，在阳光下熠熠闪光。转经轮是藏传佛教中最重要的法器，人们把佛教经文置于经筒内，手持经筒口诵经文，每转一圈就等于念诵一遍经文，在藏区，你可以时常看到边走边转动经筒的信教群众。贵德藏族自治县巨大转经轮的落成，是这一藏区的盛事。这座福运轮还可以黄河水为动力推动内藏 3 亿部经文的转经筒，象征着母亲河乳汁哺育的沿岸各族人民在佛光普照下的和谐安康。

4. 坎布拉——夕阳映丹霞

坎布拉，一个很奇异的名字。当地导游解释说，这是藏语，意为“康巴人的家园”。坎布拉位于青海省尖扎县境内，离西宁市约 120 千米，黄河干流著名水利枢纽李家峡水库位于坎布拉区域。坎布拉地处我国青藏高原向黄土

高原的过渡带，最高处约为海拔 3100 米，低点为 2300 米。沿黄河两岸的地形地貌由高向低呈现高原茂林、红岩奇峰、高峡平湖、碧波如带的景象。

人们说，到了坎布拉，一赏森林、二观丹霞、三看碧水、四拜佛地，这里是一个集自然山水与宗教文化于一体的神奇之地。

图为坎布拉的丹霞地貌。远处是连绵不断的红色砂岩形成的形态各异的峰林。红色的山体，被翠绿的植被覆盖。当夕阳西下，阳光斜射在这片区域的时候，金色、红色、绿色完美地融合在一起，如天堂般美妙。

坎布拉雨量充沛、气候湿润，森林覆盖率达 28%，有青海云杉、油松、榆、桦等针、阔高大乔木近 30 种，加之杜鹃、秀线菊、沙棘、金鹿梅等灌木花草百余种，使得山深林幽，风景秀丽。

坎布拉属丹霞地貌，最为耀眼的是其连绵不断的红色砂岩形成的形态各异的峰林，配以李家峡水库万顷碧波，形成美轮美奂的高原风光。坎布拉号称有 18 高峰，自西向东依次而立，西有六仙峰，中有六魔峰，东有六龙峰，这些山峰，有的如宫殿，有的如少女，有的一柱擎天，有的如动物萌态十足。行走于其间，似乎游走于红峰画廊，正所谓“峰回路转展千姿，丹壁红崖塑万态”。特别是夕阳西下，金色的阳光透过云层，形成万道彩光斜射在万峰丛中，碧波中有峰林，峰林下观湖光，人在画中，画中有人，疑为天堂胜景。

坎布拉还是藏传佛教弘兴之重地。

据佛史等记载，公元 9 世纪中叶，在西藏地区传承了 5 代的吐蕃赞普（王）达摩开始禁止佛教，他焚烧佛经、毁坏佛像，勒令僧人或作屠户，或作猎人，或还俗，不从者处死。当时，在曲水河边修行的 3 个僧人肴格迥、藏饶赛、马尔释迦牟尼还不知情，一日，忽见一僧人在追杀野兽，便感到奇怪，忙走向前追问缘故。猎户僧一五一十告诉他们当朝发生的变故。这么一讲，3 个人才知道吐蕃王的行径，知道危险即将来临，赶紧收拾了重要经卷一驮，避难而去。3 人辗转新疆、甘肃等地，最后落脚于青海尖扎县坎布拉，后又游走于青海的化隆、乐都、互助等地。这 3 人，隐藏于深山老林陡峭山崖之中继续修行，被后人尊为“智者三尊”或“三贤哲”，至今，在互助还有以他们名字命名的马尔藏岩和肴格沟，3 人后来在西宁去世，西宁著名的大佛寺就是为他们 3 人而建。

他们修行时期，还有两个人，与他们关系重大。一个叫拉隆·贝吉多杰，一个叫贡巴饶赛。拉隆·贝吉多杰是西藏人，出于反抗，他杀死了禁佛的吐蕃王达磨，结束了一个苦难的王朝，并只身逃难来到青海。贡巴饶赛原名穆苏萨拔，出生于青海循化县黄河边的一个名为加吾的小村庄。他 15 岁出家，师从藏饶赛、肴格迥，取名格瓦饶赛。当他年满 20 岁时准备受戒。按照戒律，受戒时应有 5 名僧人在场。当时，师徒 4 人邀请拉隆·贝吉多杰，而拉隆·贝吉多杰歉意道，自己曾经杀过人，不能入僧数。为此，他们另外请了一汉一藏两个僧人参加仪式。格瓦饶赛聪颖过人，智慧广大，后又到尼泊尔苦心求学，成为一代大师，人称“喇钦”，尊称为贡巴饶赛，49 岁时，定居今化隆县的丹斗寺，在此弘扬佛法。不久，他的声誉传到西藏，众多卫藏僧人来青海拜他为师，并且把佛教重新带回西藏，开始了藏传佛教的后弘期。为此，这位终身献给佛教事业的贡巴饶赛被称为后弘鼻祖，他所在的丹斗寺被称为西藏佛教后弘的发祥地，在整个藏传佛教史上占有重要地位。而最初从西藏避难并坚持修行的 3 位僧人居住的坎布拉的山峰也成为佛教圣地，称为阿琼南宗。这一带的阿琼南宗寺、南宗扎寺、南宗尼姑寺以及格鲁派的扎西南杰林寺等不同教派寺院并存，是藏传佛教的重要圣地。

另外，李家峡水库对岸山头上，还有一个著名的寺院——夏琼寺，是不能不提的。

李家峡水库北岸是青海化隆县。沿着崎岖的山路，盘旋至一条龙形山脊，在龙首之处，位于海拔 2760 米高的山头，就是深山名刹夏琼寺。

夏琼寺是藏传佛教格鲁派的发祥地。说起格鲁派，众读

上图：青海的一些墓坑里埋藏着精美的彩陶文物，图中工作人员正在对刚刚发掘出土的彩陶做必要的处理。这些彩陶不仅具有观赏价值，还具有一定的考古价值。

下图：图为 1995 年青海省同德县巴沟乡团村宗日遗址出土的双人抬物纹彩陶盆。纹饰为黑色彩绘，内壁有 4 组对称的双人抬物图。全国首次发现此种带有劳动纹饰的彩陶盆，现珍藏于青海省文物考古研究所。

者可能不知道，但是，说到塔尔寺，或多或少会有所耳闻。全世界所有佛教寺院，都是先有寺后有塔，只有塔尔寺名如其寺，先有塔后建寺。这个寺院就是为纪念藏传佛教格鲁派创建人宗喀巴大师而建。宗喀巴 16 岁去西藏求学，多年未回，他的母亲十分思念他，多次捎信给他。宗喀巴因勤于学业，无暇回家，托人捎了许多佛像回乡，并告诉家人，在他出生地以那棵菩提树为轴建筑一座佛塔，则和自己回到家乡无异。这就是塔尔寺的由来与宗喀巴大师的故事，至今，塔尔寺中那棵菩提树仍然生机盎然。而夏琼寺，就是这位一代宗师 3 岁出家随

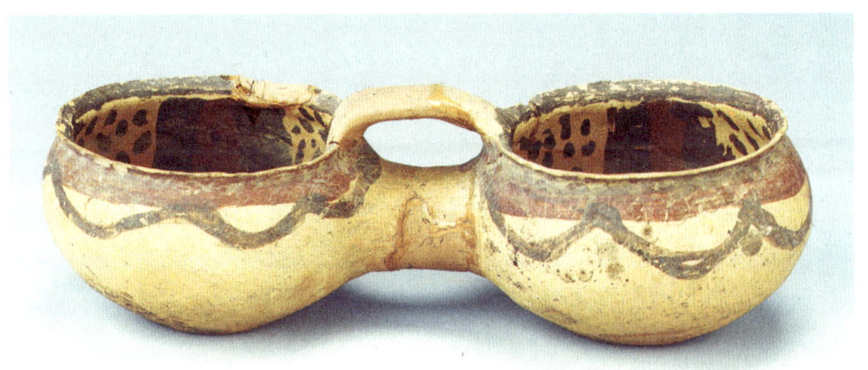

图为青海的双联罐彩陶。彩陶表面打磨光滑，造型奇特，耳把在中间，为两罐连体，平底，是当时极富有创意的设计形式。

佛的寺院，他的上师叫曲结顿珠仁钦，是藏传佛教地区的理论大师，声名远扬。曲结顿珠77岁圆寂于夏琼寺。夏琼寺的灵塔殿就是为安放他的灵骨而建。16世纪三世达赖索南嘉措、18世纪七世达赖格桑嘉措等，都曾为此寺赠金，用于大师灵塔殿的修葺装饰。

夏琼寺的文殊殿位于全寺最高点，建筑坐西面东。文殊殿是宗喀巴大师少年时代读书学习的地方，殿前，也生长着一株树龄有400多年、枝繁叶茂的菩提树。殿下数级石阶，下到一个平台，平台边沿有石雕栏杆围砌。凭栏处，悬崖百丈，乌鹊盘飞，远处是碧如玉带的蜿蜒黄河，亘古不变地向前流淌。

蓝天白云悠悠，佛殿金光闪闪，碧绿黄河在脚下延伸，这一切，将把你带入时光隧道，遥想古代先哲在青灯孤影下专心修行、苦思冥想、参悟宇宙的情形。在这里盘桓，你会不会觉得，直到今天，人们似乎还没有参透人生与宇宙的大道理？但是，无论你有无信仰、无论你信仰什么，坎布拉金色的晖光似乎都在讲述一个道理：这些先哲们，用自己的探索和奉献，为人类留下了精神追求的无尽财富。

【卷三】 唯富一套观冰凌

黄河自兰州而下，开始向中国北方迈进，一直走到北纬41°左右，受阴山山脉阻拦转向正东，又受吕梁山拦阻，折头向南。这一段大河就是河套地区。

北纬41°的黄河，在春季开河。水鼓冰开，气势磅礴。历史上，黄河百害，唯富一套。如今，这里是石油、天然气、煤炭、重金属、稀有金属富矿地带，能源开发使这一带亦如春暖河开，有万马奔腾之势，令世人刮目相看。

一、黑山峡的赞歌

黑山峡，位于甘肃省与宁夏回族自治区交界处，在甘肃靖远县大庙村入峡谷，至宁夏中卫县大柳树村，全长71千米，是青藏高原东北缘、祁连山东端黄河上最后一段峡谷。

1. 千帆万桅看石林

黄河石林位于甘肃省景泰县东南部，与该县中泉乡龙湾村毗邻，是以黄褐色河湖砂砾岩为主的地貌奇观。数百万年前，桀骜不驯的古黄河，携着汹涌的浪涛，左冲右突，狠狠地将这片土地撕开一个大口子，她不舍昼夜地镌刻，毫不吝惜地淘洗，猎猎山风、雨雪冰霜又将石林揽入怀中，像一个痴迷的匠人，不停地赏玩打磨这片岩石。风与水的联合作用，终铸就石林“峡谷蜿蜒，步移景迁”的绝世景致，终赋予石林“陡崖凌空，山倾壁危”的阳刚面孔，终绘成石林“连绵不绝、气韵万千”的不朽画卷。沿途或尖锐或圆钝的山峰相连成簇，草不长、鸟不鸣，但只要你能够联想到的物象，却无不扑面而来、活灵活现。这里有唐僧、孙悟空、猪八戒师徒西天取经眺望远方，有情侣相依，有狗熊抱仔，有骆驼仰天等，任凭你想象，任凭你指点。石林占地约几十平方千米，高度通常在 80~100 米，最高处达 200 余米，区内峡谷皆以“沟”命名，从东南至西北，有 8 个之多。很多人初识石林均是在最大的一条沟——饮马沟，秋日的午后，高耸的石壁之上几朵白云时舒时卷，从石壁间隙漏下的阳光给似石非石

的石林抹上了暖暖的色调，悠长的峡谷空旷寂寥，只有几个赶驴人甩起响鞭，在石壁间回响激荡，一阵粗犷的“花儿”倏然而起又戛然而止，给人莫名的神秘和静穆之感。

与石林一河之隔，还有一片神奇的绿洲——龙湾村，黄河在这里拐出了一个 S 形的大湾——老龙湾，垂直于河面的石林绝壁难以逾越，决绝地挡住了外面的世界。这个 2000 多人的小村庄背山面水、阡陌纵横，安卧在曲流回旋之处，祖祖辈辈过着与世隔绝、自给自足的生活。20 世纪 60 年代以前，龙湾村通往外界的路是沿山修的一层层 S 形

一河之隔，左侧为连绵不绝的黄河石林，阳光为其披上了一层暖暖的色调。在这草不长、鸟不鸣的石林里，有情侣相依、狗熊抱仔、骆驼仰天等形象，任凭你去想象。右侧则是一片神奇的绿洲，村庄、农田，阡陌纵横，似一处与世隔绝的世外桃源。

的台阶，被称为“天梯路”，后来修了“二十二道弯”，但是路窄弯急，只有驴车、架子车才能通过。除了驴车，旧时村民也常以羊皮筏子作为工具渡黄河。村里主要种植果树，每到夏秋时节，绿蔽河湾、浓荫铺地、瓜果飘香。近年来，龙湾村世外桃源般的景致引来大批剧组驻足，随着《天下粮仓》《神话》《汗血宝马》《大敦煌》等影视剧的播出，远离尘世喧嚣的龙湾村声名远播。越来越多的游客正悄然改变着这里，道路更加宽阔通畅了，物质更加丰富充足了。旧屋老椽变成了红砖碧瓦，旧时的驴车和羊皮筏成了城里人怀旧的道具。这片沉寂千年的土地骤然加快了追赶时代的脚步，唯愿龙湾村在日子越过越好的同时，也能远离功利与纷扰，不改恬静淳朴之美，永远保留那份清凉。

2. 水车浇来幸福田

“翻倒，翻倒，喝得醉来吐掉，转来转去自行，千匝万匝未停。停未？停未？禾苗待我灌醉。”唐人徐来军填写的《调笑令》，诙谐生动地描写了筒车（水车的一种）的工作形态和功用。

这种灌溉工具被引入黄河流域西北诸省是唐以后几百年后的明朝。嘉靖年间，兰州人段续宦游南方多省，对竹制筒车的高效印象深刻，后按图索骥制作成功，黄河两岸农民争相效仿，清末兰州已有水车 150 多架。1949 年前后，上至青海贵德，下至宁夏中卫的黄河岸边共有水车 350 多架。1952 年，仅兰州就有水车 252 架，成了真正的水车之城。黄河两岸更是水车林立，总提灌面积达 10 万亩。段续对南方水车并没有完全照抄照搬，因为黄河从青海进入甘

注：1 亩约等于 666.67 平方米

经过改良之后的黄河水车。在那个时代，水车提高了黄河两岸农田的灌溉效率，是高原田园风光图上不可或缺的一抹亮色。如今电力灌溉的发展，迫使黄河水车渐渐退出人们的视野。

肃，两岸为谷地，当地水面与农田的距离往往在 10~30 米。筒车在水轮上装置水斗，水轮的直径等于提水高度，南方的竹制小水车明显不能适应。段续充分利用当地出产的槐榆柳等木料，加大水车直径到 10~30 米，为推动这样的庞然大物，先修筑窄深的水车巷道，并在水车上游筑扇形坝，将河水逼向水车巷，通过束水和巷道落差产生的势能冲击水轮，水斗注满水凌空提起，倒入横架的木槽中，木槽由岸及渠，流至农田灌溉。1943 年出版的《西北花絮》中说，“水槽穿过城墙，水车与城头并肩。”那时的水车，大致在每年三四月水涨时开始转动，到冬季水落时为止，不辞劳苦浇灌万顷桑麻，浸润丝绸古道，滋养陇原大地，是高原田园风光图上不可或缺的一抹亮色。

20 世纪 50 年代始，电力提灌日渐发达，沿黄河两岸水车渐次退出，唯独西固区新城下川一架清代所建水车被保存下来。1994年，兰州市在滨河中路，东邻黄河铁桥处建成了14500平方米的黄河水车园，黄河水车又重新出现在人们的视野里。它不知疲倦、忽忽悠悠地转着，间或发出吱吱呀呀的声响，那声音，像长者诲人不倦的絮语，如孩童午夜梦回的呢喃，和着黄河的涛声，唤醒了这座城市最润泽、最荣耀的农耕记忆。

羊皮筏子可谓是黄河上一道独特的风景线，看似简单的羊皮筏子，制作时间大约需要半年。伴随着羊皮筏子一起产生的是一种危险的行当——筏子客，如今这些伴随了黄河千年的文化符号渐渐消逝，仅有少数地方将此发展成供人们休闲娱乐的工具。

3. 轻舟已过万重山之——羊皮筏子

皮筏子古称“革船”，分羊皮筏和牛皮筏两种，是黄河上一种特殊的摆渡工具，据考起于汉代，曾流行于青海、甘肃、宁夏境内的黄河沿岸。彼时没有气筒，筏客们常用

嘴对牛皮吹气，所以当地听到有人说大话时，往往以“请你到黄河边上去”来讥讽，意思是你的底气太足、口气太大，适合去吹牛皮囊，俗语“吹牛皮”即由此而来。后来由于羊皮原料易得、制作简便、易搬运，或许还因为“吹牛皮”难度大，羊皮筏子大行其道，牛皮筏子则几近绝迹。羊皮筏子有大有小，大的载重可达30吨，日行200多千米。20世纪40年代，人们用2000多只羊皮囊拴绑成5条“大船”，从四川广元沿嘉陵江而下到重庆，运送前线急需物质，黄河的羊皮筏子到长江流域客串了一把，轰动一时。直到50年代，黄河上的皮筏子仍是熙来攘往。新中国建设初期，修包兰线铁路时，有些铁轨就是羊皮筏子运过黄河的。

甘肃省景泰县中泉乡龙湾村，以羊皮筏子多而闻名，家家户户都会做羊皮筏子。关于羊皮筏子的制作，有一段顺口溜：“窜死一只羊，剥下一张皮，捂掉一身毛，涮上一层油，曝晒一个月，吹上一口气，绑成一排排，可赛洋军舰，漂它几十年，逍遥似神仙。”这谚语听来简单，实际上从第一道工序到制成筏子下水需半年时间。羊皮筏子要用山羊皮，山羊皮轻韧耐磨，制作时间多选冬天，冬季羊肥皮质好。宰羊时先把羊头、羊蹄割去，这是唯一一次动刀，再后要完全靠手上力道的拿捏，像脱衣服一样把羊皮整个扒下来，稍有破漏即前功尽弃。将剥下的羊皮脱毛后，吹气使皮胎膨胀，再灌入少量清油、食盐和水，然后把留口的地方扎紧，经过晾晒的皮胎黄褐透明，泛着油光，此时即可扎筏使用了，筏子用的木头以防腐有韧性的柳木为上。

“轻似沙鸥水上浮，随波一刹过前洲；夕阳散尽山村客，负筏人归月在头。”这是诗人对黄河上皮筏子和筏子客生活的生动描写。过去做筏子客是一种艰辛又危险的行当，在怪石嶙峋、宽窄无定、深浅不一的黄河激流中讨生活，让他们有很多忌讳，比如不能说破、沉、碰、断等不吉利的字，首次出行还要挂红、放炮、焚香、祭河神。时至今日，皮筏作为摆渡工具已风光难在，会划羊皮筏子的人越来越少，仅在兰州、景泰、宁夏沙坡头等地仍有少量皮筏保留供游人乘坐娱乐，成为一种运输工具的标本和符号。我们无法预知羊皮筏子还能存在多久，倘若有一天，黄河真的失去这浪尖上跳跃千年的精灵陪伴，会不会显得有些孤寂？

4、沙坡头——牵手腾格里

沙坡头位于宁夏中卫县城西 20 千米处的腾格里沙漠南部边缘，南靠巍巍祁连，北望无际沙海，下瞰滔滔黄河。古称沙陀，元代称沙山，清乾隆年间因在黄河北岸形成了一个宽 2000 多米，高 200 多米的大沙堤而得名沙陀头，久而久之、以讹传讹便成了沙坡头。沙坡倾斜 60°，人从沙坡下滑时，发出的轰鸣犹如叩击钟磬后的回响，故有“沙坡鸣钟”之誉，为中国四大响沙之一。关于这种声音的产生，有多种解释，比较令人信服的说法是：上层运动的沙

宁夏沙坡头是中国四大响沙之一。沙坡头的独特之处就是毗邻着黄河，有河依傍的沙漠少了一些荒凉、肃穆，增添了些许温婉。河流环绕下的小片绿洲显得生机勃勃。

粒与下层固定的沙层之间摩擦而产生的一种弹性波所引发。但科学的解释通常索然无味，比不上文人的附会更易流传。据传此地古称桂王城，城中有一口巨钟是镇城之宝。桂王之子兵败被俘，为苟全性命发下毒誓：如果逃跑，就被黄沙压死。未几却违誓逃回桂王城，不料城里钟声大作，狂沙漫天，瞬间将整座城池湮没。现今，沙坡之下确有一座桂王墓，沙丘底下还有清泉流出，说是桂城人哭泣流成的泪泉。人们在此游览滑沙而下，不知能否听到桂城王子“何必当初”的悔恨之泣。

孕育了沙坡头的腾格里沙漠是中国第四大沙漠，沙层厚达70～100米，流动沙丘占71%，沙丘平均每年移动2～5米。20世纪50年代，包兰铁路几经选择确定从这里通过，为避免流沙侵袭，人们想出了用麦草织成方格扎在沙地上的招数，一株株沙生植物扎下了根，解决了科学家苦思冥想未能解决的治沙难题，以最经济的方法成功固定了沙丘，也装点了荒凉的沙漠，当真是大道至简、无招胜有招了。

沙坡头是沙与水交响和鸣之地，不但沙坡头这座大沙山叫鸣沙山，据元代史志记载，宁夏中卫鸣沙山南黄河亦称鸣沙河，让人不由想起随了夫姓的古代女子。黄河从甘肃与宁夏交界的黑山峡奔突而出，冲向宁夏平原，河谷豁然开朗，这条奔腾咆哮的河流邂逅腾格里沙漠后，竟一改往日脾性，变得温婉恬静，她欲拒还迎、优雅婀娜地转了一个身，划出一段柔美的弧度，在身后留下一个天然太极图。水环着沙、沙拥着水，沙为水骨、水为沙魂，狂躁暴戾的腾格里难抵这水样柔情，被牵绊了前行的脚步，在黄河岸边站立成一道永恒的风景。

来过沙坡头，才会知道有河依傍的沙漠原来可以如此温润安详。

二、富庶的银川平原

1. 堤防与道路并肩

黄河是宁夏赖以生存、发展、兴旺的母亲之河。宁夏段干流全长 397 千米，平原河道长达 267 千米，平均距地面 2~3 米，既不同于上游高山峡谷河段，也不同于下游“地上河”，两岸灌溉便利。银川、石嘴山、吴忠、中卫 4 市沿黄河分布，这里聚集着全区 57% 的人口、43% 的土地。依河而兴的宁夏川，在得到母亲河特别恩宠的同时，也无可避免地要承受她偶尔发作的小脾气。宁夏段黄河洪水的最早记载见于唐代，唐高宗仪凤二年（677 年），“黄河大水，毁怀远县，三年于故城西更筑新城”（即今之银川旧城）。明代以后洪水记载逐渐增多，民国三十二年（1943 年）6 月，黄河横溢泛滥，浪涛汹汹，冲刷两岸良田，多至坍塌，滩地或被淹没，或变为深流，禾苗草木，

尽随波流去。1939 年到 1988 年的 50 年间，共发生 4000 立方米每秒以上洪水 18 次。

为抵御洪水，历史上沿河群众多自发修筑堤埂，拦挡洪水，保护农田、村庄。新中国成立后，组织群众将自发修筑的局部堤防连接加固发展为顺河长堤。1964 年，国家组织 11 个沿河县、市，按防御 6000 立方米每秒洪水标准修建防洪堤防 280 千米，“文化大革命”期间堤防多次遭受破坏。1981 年，257 千米防洪堤得到整修，同时新修堤防 167 千米，到 1982 年两岸已有防洪堤 447 千米。由于河段特殊的地理位置，加之近年来河道淤积萎缩，原有堤防已不能适应防洪、防凌日趋严峻的形势。2008 年以来，宁夏开始通过建设 402 千米标准化堤防来束缚黄河野性。标准化堤防以区域经济社会发展为主线，黄河防凌防洪为核心，按照“一堤六线”目标要求建设。“一堤六线”重在“一堤”，即黄河标准化堤防的建设，其中，吴忠、

宁夏可谓是享受着黄河的恩泽，也忍受着黄河的脾气。宁夏段干流不同于上游高山峡谷河段，也不同于下游“地上河”，两岸灌溉便利。然而宁夏段黄河洪水频发，却也困扰着宁夏。如今标准化堤防的全线贯通，使“天下黄河富宁夏”，才有了如图般美丽而富饶的宁夏。

青铜峡、银川市区段防洪标准50年一遇，堤防等级为3级，其余河段为20年一遇，堤防等级为4级。“六线”，即“防洪保障线、抢险交通线、经济命脉线、生态景观线、特色城市线、黄河文化展示线”。2010年，标准化堤防全线贯通，新堤防像两条健壮而温柔的臂膀，护佑在母亲河两岸，乡镇、城市和工业园区渐次向黄河聚拢，枸杞博物园、黄河书院、黄河圣坛、青铜古镇、黄河楼等一批人文景点点缀其间，宁夏倾力打造的“黄河金岸”初具雏形，“天下黄河富宁夏”的谚语正在这方水土间演绎出新的时代内涵。

2. 古渠今用

“宁夏川，两头子尖，东靠黄河，西靠贺兰山，南边站着六盘山，年种年收水浇田。”2000多年前，中原移民就与当地各民族一起，凿渠引黄，开创自流灌溉、无坝引水的水利奇迹。唐徕渠、汉延渠、秦渠、汉渠等14条骨干灌溉渠，加上支渠、半渠和农渠、毛渠，组成纵横交错的灌溉网络，成为宁夏平原农耕文明发展繁荣的生命之血，使干旱少雨，气候条件并不优越的这方土地成为“塞上江南”和“西北粮仓”。

平原上，各干渠与黄河平行排列，将灌区土地南北分割，人们直接从干渠开斗渠、农渠口，灌溉时常易决口，在河水上涨或暴雨时，渠水只能泄入湖沟。明清以后，平原灌溉面积不断扩大，排水设施未得到相应的建设，导致沟道混乱、湖沼密布。清代乾隆年间，仅银川附近就有较大湖泊48个，河东河西均有72连湖之说。“连湖渔歌”为当时“朔方八景”之一，“过者淼然动江乡之思”。引黄灌溉之水既赋予了宁夏平原“塞上江南”的神韵，又深刻地影响着这一地区的耕作习惯。唐宋时起，为了改造重沼泽化地段，人们开始“开沟排水、种稻洗盐”，部分湖沼湮废而渐成水田，随着稻田引水量增加，灌溉余水又汇聚成新的湖沼。

明以前，宁夏平原上面积较大、耕地较多的银川平原兴起了两个灌区，分别是以秦渠和汉渠为主要灌渠的河东灌区和以汉延、唐徕为主要灌渠的河西灌区。明嘉靖年间汉延渠和唐徕渠形成的灌溉水系网络已经相当成熟，银川城内及周边“汉唐渠水流潇潇，冬则涸兮夏则溢”。众多古渠中，唐徕渠最负盛名，它是宁夏平原 14 条大渠之首，又名唐渠，汉代始建，唐代大规模整修，历代不断完善，形成大小渠道 500 多条。新中国成立后全面扩整，裁湾取顺，合并斗口，供水效率显著提高。青铜峡枢纽截断黄河，结束了宁夏无坝饮水的历史，唐徕渠由坝下和西部干渠引水，解除了洪水和冰凌对渠首的威胁，灌溉范围覆盖青铜峡、永宁、银川、贺兰、平罗、石嘴山等 6 县市 110 余万亩土地，被誉为“塞上乳管”。

如今，流过千年历史的唐徕渠、秦渠、汉渠等古渠经过改造再展新颜，继续默默支撑着宁夏平原的繁荣，同时成为当地人休憩娱乐的生态长廊。它们已不单单作为水利工程而存在，而是已经融入、镶嵌进宁夏人民的文化记忆之中。

3. 河套文明的遗迹

河套的称谓大体从唐代开始，“大河三面环之、河以套名，故称河套也”。匈奴、两汉、宋元辽金，在这个水丰草美的大舞台上逐一登场，留下了属于自己的历史印记，草原文化和黄河文化交融汇流，形成了独特的河套文化体系。而已发现的河套人及其文化，堪称这一区域文化形成的起点。

河套人文化遗址位于鄂尔多斯高原最南端的萨拉乌苏河流域的沙漠大峡谷内（今乌审旗河南乡境内），海拔 1300 米，两岸植被郁郁葱葱，这里还是著名的萨拉乌苏动物群的命名地，发现的动物化石有野马、野驴、披毛犀、羚羊、大角鹿等生活于草原兼有水泽环境的动物，是华北晚更新世的代表性动物群。20 世纪 20 年代前，远东地区一直未发现确切的古人类活动证据。1922 年，法国专家到鄂尔多斯萨拉乌苏进行考古发掘，在旧石器时代文化层中清理出 200 多件人工打制的石制品和骨角器，并从发掘到的化石中确认出一枚人牙。将其命名为“the ordos tooth”（鄂尔多斯人牙齿）。但中文误将“ordos”译作“河套”，于是“河套人”便成了鄂尔多斯古人类的代名词。此后短短数年，“北京人”“山顶洞人”相继被发现，中国古人类进化形成完整链条。

在母亲河的臂弯里，先民们逐水而居，创造和繁荣了旧石器文化，在漫长的原始社会，默默等待文明曙光的照耀。河套人的体质特征接近于现代人，但头骨和股骨骨壁较厚，齿冠结构具有原始特征。目前为止，河套人文化遗址共发现人类化石、石器 500 多件，还有大量的晚更新世晚期的哺乳动物化石及鸟类化石。关于河套人生活的时代，学术界争论不休，有说为 1.5 万年前，亦有认为河套人生活在距今大约 3.7 万 ~5 万年。依据非洲单一起源论，目前地球上的人种都是十多万年前某一非洲女性祖先的后代，这个女性祖先被称为夏娃。近年来专家们用同位素热释光方法测定，河套人生活在距今达 7 万 ~14 万年。如果这一论断成立，属早期智人的河套人与以山顶洞人为代表的晚期智人形成闭合的链条，将会对国际学术界普遍认同的非洲单一起源论形成冲击。

三、贺兰山下

贺兰山下亦是宁夏平原，一个兴衰忽焉的王朝在这里曾经辉煌，吸引无数人特意来凝视它，为之唱上一曲神往复神伤的挽歌。

1. 神秘王陵

被称为“东方金字塔”的西夏王陵，修建于 11 世纪初至 13 世纪初，位于贺兰山中段东麓，距宁夏银川市 35 千米，总面积近 50 平方千米，共有 9 座王陵组成一个北斗星图案，约 250 座陪葬墓按照星象排列，陵园中占地最大和保护最好的一座，为西夏开国皇帝李元昊的泰陵，面积达 15 万平方米。陵墓中发现有绘画、雕塑作品，流通钱币，各类铜器、陶棋子等文物。每座帝陵都由阙台、神墙、碑亭、角楼、月城、内城、献殿、灵台等部分组成，平面总体布局呈纵向长方形，建筑融合了党项族、汉族和佛教文化。由于没有山包一样封土的庇护，加上没有刻意隐藏墓道，千年来，西夏王陵被无数宵小之徒觊觎，遭到了毁灭性的破坏。但从残存的陵丘上，我们仍能领略到西夏文化特有的风姿和气韵。

明代有诗云："贺兰山下古冢稠，高下有如浮水沤。道逢古老向我告，云是昔年王与侯……"残缺的西夏王陵

连接着中国西部一段波云诡谲的历史。公元 1038 年，党项族建立大夏国，史称西夏。其疆域“东尽黄河，西界玉门，南接萧关，北控大漠”，鼎盛时期面积约 80 多万平方千米。然而，其兴也勃，其亡也忽，公元 1227 年，西夏国湮没在蒙古铁骑卷起的烟尘里，典籍、文书文物、古迹毁坏殆尽。中国历代王朝都注重修史，大的地方割据政权也通常都有信史传世，辽有《辽史》，金有《金史》，宋有《宋史》，

图为西夏王陵一隅，画面中残缺的西夏王陵被浓云密布的天空所覆盖，整个画面与它所连接的中国西部一段波云诡谲的历史相呼应。如今的西夏王陵被无数宵小之徒破坏，但从残缺的陵丘上依旧能够领略到西夏文化特有的风韵。

而先后与宋、辽、金势成鼎足的西夏却没有留下专门历史。党项人从何而来？西夏灭亡后党项人去了哪里？从仅存的文化碎片里，答案难觅。家国倾覆后留下的历史迷雾，随着时间的流逝愈发浓重。直到 20 世纪初，俄国探险家科兹诺夫发现并盗掘了黑水城，西夏文明才再次被撩起神秘的面纱，但科兹诺夫的发现长期秘藏于异国他乡，难窥真容。1972 年，兰州军区在贺兰山下修建军用机场，施工中发现带有不认识的方字的砖块，考古工作者挖掘发现墓道，而后顺藤摸瓜在贺兰山东麓的荒原上发现了 15 座锥形黄土建筑，不久被认定为西夏王陵。

从西夏王陵发掘情况看，没有唐陵的雍容华彩，没有明陵的恢宏气势，没有宋陵的缜密考究，在整饬修葺之前甚至不过是荒冢一堆，难言摄人心魄的风景。但诚如人们所言，“有的风景在路上，有的风景在心上”，单是遗落在历史长河中的一个个谜团，就足以激发人们探寻、打捞的欲望。

慎终追远、探幽怀古，西夏王陵不失为一个好的去处。

2. 似识而非的“汉字”

党项族是善于学习的民族，李元昊创立统一政权之后，亲自主持创制记录党项语言的文字，大臣野利仁荣“演绎之，成十二卷”，3 年始成，目前发现总计 6000 余字。西夏文模仿吸收当时的汉字偏旁，又加入自己独特的创造，使之无一字与汉字同，习惯汉字的人“乍视字皆可识，熟视无一字可识”。这种文字当时被尊为“国书”，上自佛经诏令，下至民间书信，均用它书写。西夏灭国后，元代西夏文仍然在党项族后裔中使用，被称作“河西字”。明朝中叶，还有人

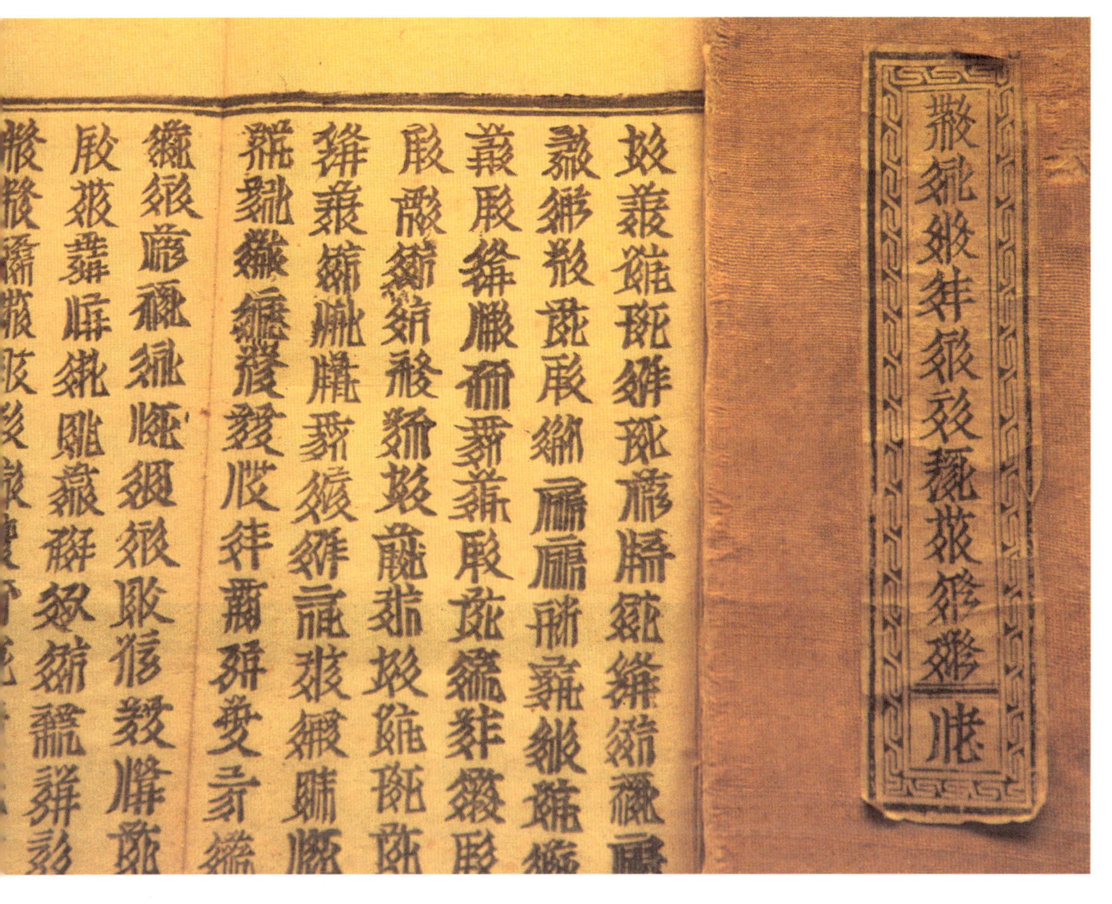

以西夏文刻于经幢。其后，随着党项族在历史舞台上的逐渐隐去，西夏文黯然结束了数百年的生命历程，成了无人使用、无人能识的“死文字”。

1804 年，清代学者张澍辨识出了重修凉州护国寺感应塔碑上奇怪的文字为西夏文，西夏文字重见天日。1909 年，俄国汉学家在科兹洛夫盗走的黑城文献中，发现了一本汉文和西夏文的双解词典《蕃汉合时掌中珠》，成为破译西夏文献的金钥匙。自此，零落于流沙和铁骑之下的西夏历史被重新复原、连缀，模糊和神秘的西夏文化重新变得真切、

西夏文字是表意字，形体方正，笔画繁冗。西夏文字乍一看与汉字相似，但仔细看过之后方可发现无一字与汉字相同。

鲜活起来。

从中外学者的研究成果看，西夏文形体方正，笔画繁冗，用点、横、竖、撇、拐、钩等组字，无竖钩。5 画以下的字很少，有点化简为繁的意思。但 20 画以上的字也很少，整体上显得比较均匀。西夏文是表意字，分单纯字和合体字两大类，合体字占绝大多数。合体字中，与汉字会意字类似的会意合成字和与汉字形声字类似的音意合成字最多，比如用西夏文“水”和“土”的各一部分，合成西夏文“泥”字。西夏文中象形字和指示字极少。与汉字一样书体都有楷书、行书、草书、篆书。篆书散见于金石，行草常用于手写。西夏印制的多部西夏文活字印刷作品，以实物印证了中国对活字印刷术的首创。

从有关西夏王国以西夏文字译写佛经的史实中，可以发现，基于佛教信仰的佛经译写，是西夏文字创制的重要动因。

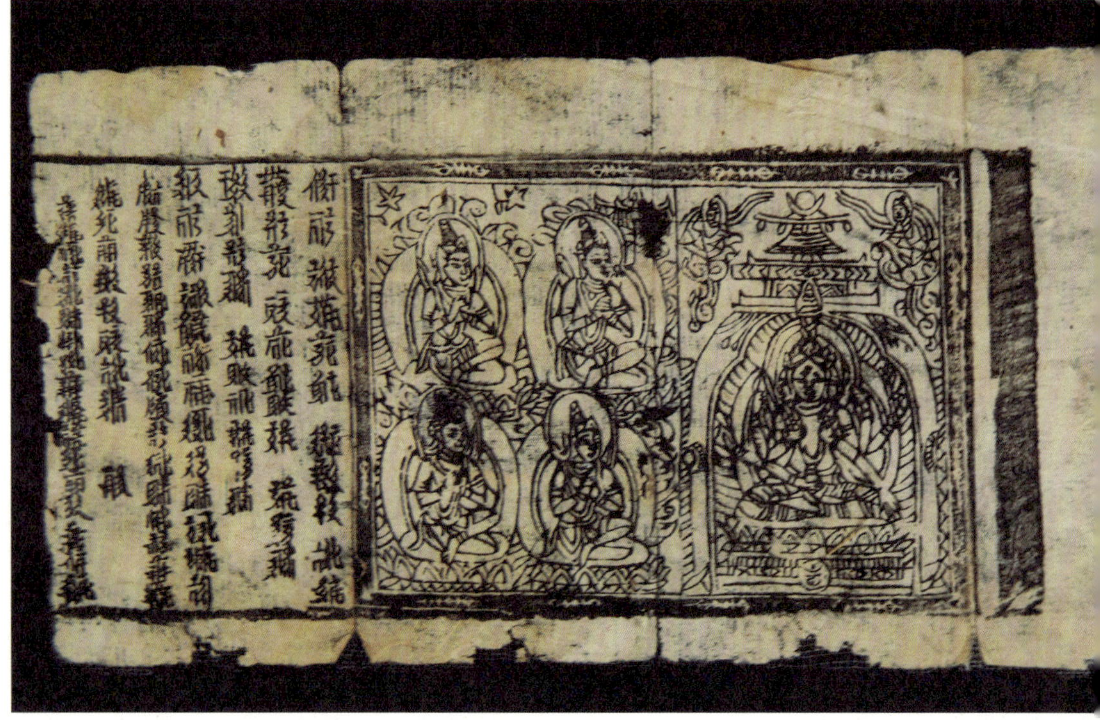

西夏文曾被称为天书、绝学，国内懂西夏文的一度不超过 10 个人。但西夏文研究近年来发展较快，在语音、词汇、语法等方面都有进展，甚至有人发明了西夏文电脑录入系统。

“只有把过去看透，才能把未来看清”，这或许就是人们穷尽心力复活“死文字”的意义所在吧。

3. 党项族失踪之谜

关于党项族的起源，至今仍是众说纷纭、莫衷一是。学界比较统一的认识是：党项族是我国古老羌族的一支，唐以前生活于今天川、青、藏交界，唐初迁徙到今天甘肃东部、陕西北部，其间不断开疆拓土，为建立政权打下了基础。西夏灭国之后，党项族失去故国家园，不但没有发展成为现代民族，甚至从众多的文献记载中淡出，只留给历史一个苍凉模糊的背影。党项族究竟去了哪里？

随着西夏文字的破译，西夏学研究日渐深入，史学家们已大致梳理出了党项族消亡的脉络。被蒙古军屠杀灭族的说法显然并不可信。劫后余生的党项族一部分归化元朝，在元划分的 4 个民族等级中，被列为第二等，属于“色目人”。在元朝为官者亦有相当比例，有的甚至官至丞相；一部分仍然留居河西故地，公元 1302 年（元大德年），成宗雕刊河西字（西夏字）大藏经 3630 余卷，“施于宁夏、永昌等路”，说明这一带西夏遗民数量仍然不少，后随着伊斯兰教传入，有的渐融于回族；还有一部分散落内地逐渐被汉化，如专家考证，河南濮阳县金堤河畔唐兀公碑附近 15 个村庄的杨氏族人 4000 余人，是西夏灭亡后元初被赐姓“唐兀氏”的西夏遗民后裔。安徽有 3 支党项后裔，

西夏陵墓中发现的壁画。从画面中可以直观地感受到西夏人在色彩的运用上比较大胆，鲜艳的红色和黄色搭配，让整个画面都显得富丽堂皇。

一支是那木翰家族，另一支是昂吉儿家族，再一个是余氏家族，在合肥和安庆等地开枝散叶，已经繁衍了 28 代。河北、陕西、云南等地也有陆续发现西夏后裔的报道，但从他们身上已难以找到西夏文化的印迹；另有一部分叶落归根，回迁西南起源之地，途经千里，落脚四川木雅地区，曾建立过地方政权。当地藏民将该政权的首领叫做“西吴王”，“夏”与“下”为同音字，“下”字古音读“虎”，因此，西夏被念为西吴。木雅人保留了自己的语言，被称作“木雅语”或“道孚语”，与古代党项族语在发音和基本词汇上比较接近。

从现今史学研究成果看，党项族的历史并没有被凝固在兴庆府城破的那一刻。西夏灭亡后，党项人在时代发展的激流中随波浮沉，辗转于全国各地，或许有过抗争，或许有过坚持，但他们最终如百川归海一般，选择将自己的血液融入中华民族的血液之中。

四、冰凌奇观

凌汛是河道封冻后冰盖对水流约束增强，产生阻力而引起的江河水位明显上涨的水文现象，为地处较高纬度地区河流所特有，而宁夏、内蒙古的黄河段，是从低纬度向高纬度流淌，故而在封河期和开河期都有可能发生凌汛。

1. 春天的脚步——开河

“七九河开，八九燕来”，在一个相对固定的时间，伴随着春天的脚步，黄河河开冰动，冰块拥挤撞击、冰凌追逐绽放，母亲河筋骨舒展了，血脉温润了，凝固的河流又成滔滔之势，不舍昼夜地流淌。

每年初冬黄河从流凌发展到“千里冰封”，大概需要近 1 个月的时间。封冻天数一般 100 天左右，封河长度一般在 800 千米左右，封河期冰的厚度可达 1 米以上。

图为黄河凌汛时的情境，晴空之下，方圆百里，都是白茫茫一片。黄河也由原本的黄色变成了如今的白色。黄河凌汛会给对两岸人们带来危害，但也会展示黄河不一样的美感。

冰冻三尺非一日之寒，而开河却往往来势迅疾，在短时间内释放积蓄一冬的巨大能量，导致黄河每年开河期间都有凌洪发生。黄河开河有“文开河”和“武开河”之分。“文开河”时，冰冻融化较缓慢，淌凌密度小，开河平稳。“武开河”时，特别是气温猛升或水位暴涨，冰凌聚集成冰坝，最终漫滩或决堤，凌汛决口时，“水鼓冰开，冰水齐下，冰摧浪涌，冲堤溃坝，势不可挡”，其危害程度常常超过夏秋洪灾。黄河凌汛突发性强、防范复杂、抢险艰难，所以有“凌汛决口，河官无罪”之说。

开河给沿岸民众带来的并非只有凌汛决口的惊悸。“开

上图：受黄河凌汛危害的人家。黄河凌汛不仅对水运交通、供水、发电等产生影响，同时也对黄河两岸人民的人身财产造成危害。

下图：黄河凌汛给两岸人民带来了诸多不便，画面中的父亲与孩子艰难地行走在冰冻上。

河鱼”就是母亲河恩赐给人们的春天的盛宴。蛰伏冰下的鱼儿，用一个冬天的时间净化五脏，排解体表，储存营养，肝糖转化，肉质更加纯净细腻，鲜嫩程度非常日可比。据说，古代的皇帝每年入春都要品尝黄河的开河鲤鱼。

上图：黄河凌汛决口的时候，冰积如山，两岸村庄被淹没，针对黄河凌汛危害最主要的措施就是将容易形成卡冰的狭窄河段打通。图中即是每年出现凌汛的时候都要出动轰炸机用炸弹将冰盖炸碎，这样上游的冰就会顺利下排，缓解灾情。

下图：图为黄河凌汛时，为打通河段，让上游水流顺利下泄，正在炸冰的情景。

五、鄂尔多斯高原之风

鄂尔多斯是成吉思汗的梦园，是地球上的月球，它承载着马背上的辉煌和今天的光荣。

1. 砒砂岩的罪与罚

过于绚丽的东西往往是有毒的，比如罂粟花、毒蘑菇、水母，再比如砒砂岩。

砒砂岩深藏在黄河“几”字形臂肘的东北部，鄂尔多斯高原一隅。它的色彩与砒霜一样，有着白色、黄色和红色的变化。有的岩层之中灰白、棕黄、绛红、粉紫、灰绿，五色相叠，层理清晰，线际分明。特别是雨后或雪霁，岩层的颜色更是鲜艳妖娆，呈现出魔幻般的视觉效果。千百年来狂风和流水把这片彩色岩层切割出各种形状，仿佛沙漠中的“魔鬼城”被涂上色彩，搬到了黄土高原之中。据地质学家考证，砒砂岩形成于古生代二叠纪和中生代三叠纪、侏罗纪、白垩纪（约 2.5 亿年 ~6000 万年前）之间。这是地球历史中地质最活跃、生物最繁茂、动物种群异常庞大的时代，每一代、每一纪，气候、生物、地壳的风云际会，都在砒砂岩的岩层中绘上了属于自己的独特色彩。红色的泥岩和碎屑岩，是古海洋封闭为内陆盆地、大地上以蕨类植物为主时沉积而成；同是红色的陆相红泥岩，是气候更趋干旱炎热时，继续沉积的巨厚岩层；灰绿色的碎屑岩和灰色的含煤细砂岩是在气候转向温暖湿润，植物繁

茂，湖泊遍布时沉积而成的；棕色铁灰岩是在侏罗纪中期，气候干热时形成的；而巨厚的白色泥灰岩，则形成在气候干热的白垩纪早期。砒砂岩以五彩叠加的页码记录着地球沧海桑田的变幻。

这种瑰丽的岩石却超乎想象的贫瘠，生命遇之如遇砒霜，几乎寸草难生，故名砒砂岩。由于成岩程度低、沙粒间胶结程度差、结构强度差，看似岩石，可是遇雨即溃、遇风就散。行走在砒砂岩形成的沟底，沟道两侧会发出极细极密的“嗞嗞”之声，如蚕食桑叶，如鼠啮豆米，这是

砒砂岩，人们把它比作砒霜，因为这种岩石非常贫瘠，几乎寸草难生。然而红白相间的砒砂岩却有着瑰丽的外表，鲜艳妖娆的岩层色彩，呈现出魔幻般的视觉效果。

风化岩砂沿沟隙坠落的声音，让人觉得仿佛岩层随时都会崩坍，湮灭一切生物。

砒砂岩易受侵蚀的特性使它能够“流毒”千里之外，裸露砒砂岩的地区是黄土高原剧烈侵蚀的中心地区，是世界上水土流失最严重的地方，是黄河粗泥沙的集中策源地，而粗泥沙正是黄河下游泥沙沉积形成地上悬河的主要原因。

多年来，人们用种草、种树、种柠条等方法防风固沙、保持水土的方法，在砒砂岩裸露区却都效果不佳，懊恼之余，人们恨恨地谓之“地球的癌症”。万物皆相生相克，在实践中人们逐渐发现沙棘是治理砒砂岩的优良树种，它耐干旱、耐寒冷、耐瘠薄，根系发达，一树成活，串枝成片，枝繁叶茂，落叶丰厚，它还有根瘤可以固氮，能够改良土壤，而且伴生性能好，在沙棘的“庇佑”下，一些乔木如落叶松、云杉包括一些草本植物红柳、柠条等，可以形成同生并长的状态。近年来准噶尔旗等地用沙棘改良砒砂岩裸露区的环境已经收到了很好的效果。

在漫长的地质年代，砒砂岩一直就在那里，不动不移，只是因为对后来者——人类形成了妨碍，人们才千方百计想要改变它。其实无论种地的良田还是壮美的地质画卷，无不是造物的恩宠。顺势而为、善尽其用，才是最有智慧的选择。据说现今当地的人们正在有意识地保留部分原始的砒砂岩地貌。

在砒砂岩地质公园里，我们还听到了这样一段故事。清康熙帝在平定葛尔丹叛乱时曾驻跸准格尔旗，觉得砒砂岩地貌红白相间、艳色可餐、峰峦相错、高下团耸，宛若一大池勃绽之莲苞。当得知这种地貌还没有名字，康熙亲自赐名“莲花辿”（音：chān）。千古一帝的视角，果真不凡!

2. 成吉思汗陵之谜

成吉思汗陵。俯瞰成吉思汗陵磅礴而大气，鄂尔多斯成吉思汗陵是史学家公认的衣冠冢。然而成吉思汗的陵墓究竟在什么地方仍旧是一个谜，这与蒙古王族盛行的“密葬”风俗有着很大的关系。

草原上的英雄多如天上的繁星，成吉思汗无疑是其中最亮的一颗，但一代天骄身归何处，至今成谜。

成吉思汗一生戎马倥偬、东征西讨，传说在远征西夏时途经鄂尔多斯，被这里美丽的景色所陶醉，即兴吟诗一首：“梅花幼鹿栖息之所，戴胜鸟儿孵化之乡，衰亡之朝复兴之地，白发吾翁安息之邦。”并表示死后要葬在这里。不料一语成谶，成吉思汗次年再次出征西夏时病死军中，灵车行至鄂尔多斯时，车轮突然陷进沼泽地里，套上很多牛马都拽不出来，臣民们认为他喜欢这里，便将部分衣物和附着了成吉思汗灵魂的白驼毛葬于此处，成为祭祀的圣地。20 世纪 30 年代，为避日寇侵扰，国民政府将灵柩先后迁移到甘肃省榆中县兴隆山、青海省湟中县塔尔寺。1954 年 4 月，新中国中央政府将成吉思汗灵柩移回伊金霍洛旗甘德利草原上，新修的成陵占地约 55000 平方米，距鄂尔多斯市区 40 千米，集中了不少成吉思汗生前遗物。

鄂尔多斯的成陵是史学家公认的衣冠冢，成吉思汗究竟埋身何处，却始终是一桩历史悬案。蒙古王族盛行“密葬”之俗，在下葬到陵墓中后，驱万马狂奔踏平，然后植木为林，不起坟丘、不留标志、不做记录，参与这些工作的工匠和士兵均被灭口。传说为了祭祀时找到准确地点，要当着母骆驼杀死其幼崽，并洒血于墓地。第二年草发树长，墓地已难辨识，就牵着那峰母驼前往，踯躅哀啼之处便是墓址所在。这种极其隐秘的葬俗，使元代帝王陵墓一直难觅踪迹、无一可考。

关于成吉思汗葬身之处大致有 4 种说法：一是位于蒙古国境内的肯特山南、克鲁伦河以北的地方。南宋文人笔记中记载，成吉思汗病逝后，遗体被运往漠北肯特山下某处，存放在一个独木棺里。二是位于新疆北部阿勒泰山。《马可・波罗游记》中写道：“在把君主的灵柩运往阿勒泰山的途中，护送的人将沿途遇到的所有人作为殉葬者。”三是位于宁夏境内的六盘山。成吉思汗 1227 年盛夏攻打西夏时死于这一带。按照习俗，尸体腐烂，灵魂上不了天堂，因此就地安葬的可能性很大。四是在内蒙古鄂尔多斯市鄂托克旗境内。地貌、地名等特征与《蒙古秘史》《史集》《蒙兀儿史记》等史料中有关成吉思汗葬地的描述极为吻合。

在鄂托克旗阿尔寨山的第 28 号石窟中，还有一幅与成吉思汗的安葬关系密切的壁画。

几百年来，征服者的马蹄声渐远，寻找成陵的活动却从未中断。近年来甚至有人动用地雷探测器和卫星摄影技术将草原像梳头一样梳理了一遍，但仍是一无所获。他们的失败又给这个谜团谜上添谜。一生叱咤风云的成吉思汗，想必更愿意与草原融为一体，默默地归于自然。蒙古国总统巴嘎班迪接受中央电视台记者采访时说：“成吉思汗陵墓在什么地方就在什么地方，这并不重要……让它永远成为一个谜底似的问题，让那些愿意猜谜底的人继续猜吧。”

3. 敖包山下

“十五的月亮升上了天空哟，为什么旁边没有云彩，我等待着美丽的姑娘哟……”相信很多人是从《敖包相会》这首脍炙人口的歌里知道敖包的 。这首新中国成立初期的电影插曲描绘了青年男女在敖包前约会的场景。殊不知敖包过去是祭祀圣地，根本不许女人走近，更不用说在这里卿卿我我了，歌曲无疑加入了作者浪漫的想象，是那个时代思想解放的产物。

“敖包”又称“鄂博”，藏语叫“拉则”，原意是石头堆、木围堆等。敖包一般为一层圆锥形实心塔，也有堆垒成 2~4 层重叠形圆锥实心塔的大敖包。有单独的敖包，也有以大敖包为中心的敖包群。敖包顶端插旗杆，挂红、黄、白、蓝、绿 5 个颜色的旗。旗杆周围插树枝，上边挂或白或蓝的哈达。

据《清会典》所记：“游牧交界之所，无山无河为志者，

最初的敖包是为了标识道路，如今却演变为祭祀祈福的场所。图为一处单独的用石头堆砌而成的大敖包，四周悬挂的彩色经幡迎风飘扬，五颜六色的彩旗布满了整个敖包。

垒石为志，谓之敖包”。在天苍地茫的大草原，标识道路是敖包的一个重要功能。后来敖包逐渐被视为神灵的居所，他们为了表达崇拜和感恩，堆垒敖包进行祭祀。途经的人们下马参拜，栓上一条哈达或是添一块石头，日积月累，竟堆积成一座座山。如今，蒙古族年年都有祭敖包的仪式，仪式大略有 4 种：血祭宰杀牛、羊供奉；酒祭以鲜奶、奶酒洒在敖包上祭祀；火祭将煮熟的肉丸子、肉块投入火中；玉祭是以最心爱的玉器当供品。祭敖包时，人们脱帽行礼，口诵经文，绕敖包转 3 圈，不但为生命长久生活美满祭奉，也为草原常绿、清泉喷涌祈祷。有的祭词中连亲朋弟兄、乡里乡亲都要祝福一遍，可以说敖包山是草原民族用虔诚和善良创作的不朽雕塑。

蒙古人认为自然界的山水草木等万物皆有灵。祭敖包时，牧民们穿上节日的盛装，赛马、摔跤、舞蹈，开怀畅饮。敖包山下，一缕青烟腾空，一曲长调响起，便开启了草原上人们与大自然心灵沟通的闸门。

4. 那达慕盛会

那达慕，蒙古语音译，意为“娱乐”“游戏”，是草原上的传统盛会，多在草长莺飞、羊肥马壮的七八月间召开。

那达慕的前身是蒙古族祭敖包。13 世纪初，成吉思汗统一蒙古各部，为检阅部队、维护和分配草场，每年举行大“忽力革台”（大聚会），进行军事体育项目的比赛。元、明两代，射箭、赛马和摔跤比赛组成了“男儿三艺”，成为那达慕大会的固定内容。清代，那达慕逐步变成由官方定期召集的有组织有目的的游艺活动，成为传承草原传统文化的重要载体。如今的那达慕，更富时代气息，增加了马球、马术、田径、文艺演出等新的内容。

每逢那达慕大会召开，方圆百里的牧民如潮水般从四面八方涌来，毡包像珍珠一样撒满草场，宁静的草原开始沸腾起来。摔跤手之歌响起，“雄鹰们，飞翔吧”的召唤声，仿佛来自遥远天际，来自金戈铁马的古战场，搏克手们挥舞着粗壮的双臂，狮舞、鹿跳样步入赛场。蒙古语中摔跤的全称为“搏克・巴依勒德呼”，摔跤手称为“搏克庆”，不分体重和年龄，不分级别，不限时间，一跤定胜负。比赛中，选手们用捉、拉、扯、推、压等动作，展现人体的力与美，进行体能和智能的较量。曾经马上打天下的民族，对赛马更是情有独钟，参赛选手不论老少，大都不备马鞍，不穿靴袜，只着华丽彩衣，配上长长彩带，展示着“马背上的民族”特有的自信与彪悍。一声发令枪响过，长长的马鬃那达慕是草原上的传统盛会，有射箭、赛马、摔跤等比赛项目。图为冬季那达慕盛会赛马时的场景，马儿呼出的热气，仿佛让整个比赛场面都沸腾起来，一个个身姿矫健的汉子，在马背上跃跃欲试。

马尾在气流的冲击下飘了起来，黑的、白的骏马四蹄腾空，一骑绝尘者丝毫不敢懈怠，暂时落后者绝不甘居下游，草原随着巨大的马蹄声颤动。射箭也是必不可少的一项竞技活动，射手们或静射或骑射，一支支利箭，呼啸着飞向靶心，三轮九箭，干脆利落决出胜负。竞技并非那达慕的全部，夜幕低垂之时，悠扬激昂的马头琴声在草原上随风飘散，

男女青年围着篝火载歌载舞，无数渴望自由的心灵放飞在广阔深邃的草原夜空。

那达慕，一幅浓缩历史的画卷，一曲凝聚幸福与欢乐的草原赞歌！

【卷四】 晋陕峡谷听涛声

黄河自鄂尔多斯高原进入晋陕峡谷，它上起内蒙古托克托，下到山西河津禹门口，左带吕梁，右襟陕北，南北纵贯725千米，是黄河上最长的一段连续峡谷。

晋陕峡谷穿越世界上水土流失最为严重的黄土高原，南北两端落差达五六百米，水流挟势而下，因而，沟深岸悬、河势雄奇，形成水沙涌流、蛟龙腾涧的峡谷胜景，其间蛇曲蜿蜒、乾坤湾转、虎啸壶口、鱼跃龙门，正如李白所描述『黄河西来决昆仑，咆哮万里触龙门』，古峡奇观举世闻名。

一、话说无定河

唐诗云：“可怜无定河边骨，犹是春闺梦里人。”一句诗道破了战争风云在这个多民族边界地带形成的历史波澜和愁绪。

1. 无定河边

这是一条横亘陕北黄土高原上的生命之河。据地质学家考证，历史上这一带水草肥美、风光宜人，是远古文明发祥之地，1922 年，法国传教士桑兹华尔发现一枚门牙化石，后考证为3.5 万年前晚期智人的门牙，被称为“河套人”，说明在旧石器时代，这里已有人类祖先活动繁衍。无定河畔是中原与少数民族的交界地区，是中国历朝历代战争频繁、屯垦戍边之所在，匈奴、羌、铁弗、丁零、突厥、党项等族，在这里各领风骚。甲骨文记载，殷商时期这里有鬼方、龙方部落居住，《竹年纪事》中记有“帝乙十七祀，西伯伐翟”，说的就是周文王与狄人的一场战争。

无定河干流全长 491 千米，发源于陕北定边县东南的长春梁东麓，源头称红柳河。它是黄河一级支流，流经毛乌素沙漠南侧，过现内蒙古鄂尔多斯市乌审旗，陕西省榆林市、靖边县、横山县、米脂县、绥德县、清涧县，在清涧县河口村注入黄河。“无定”二字明确标示了这条河流的特点。究其原因是因为河水多沙，河势游荡多变，河床无定，所以有了“无定河”之名。沿途支流众多，遭遇暴雨时水势暴涨，暴雨洪水挟黄土高原泥沙源源不断汇入黄河，平均每年入黄泥沙量 2 亿多吨，是黄河泥沙的主要来

上图：民国时期的无定河。桥面上熙熙攘攘，人头攒动；桥下河水奔涌不息。

下图：无定河河套人遗址里的绿洲。虽是一片并不宽广的区域，与四周光秃秃的沙丘相比，绿树依河而生，却也是水草丰美。或许这里也曾留下过河套人的生活足迹。

源区之一。其多沙特性与黄河极其相似，故有“小黄河”之称。宋朝著名科学家沈括曾在他晚年所著的《梦溪笔谈》中，描写过无定河“……度活沙……倾倾然如人行幕上……”说明这里泥沙之多、行路之奇。而无定河河口“每遇山水涌涨，其流横截黄河，直冲山西右岸，黄河为之逆流；若有狂风，吼声如雷”，形成壮观的无定洪涛。

无定河在边塞诗中常见，最为有名的就是唐代诗人陈陶那首诗。诗云：“誓扫匈奴不顾身，五千貂锦丧胡尘。可怜无定河边骨，犹是春闺梦里人。”

无定河源头红柳河边的统万城（因色呈仓白，俗称白城子，与河西走廊黑河尾闾的黑城子相并），是五胡十六国

时期大夏王朝的都城。大夏国开国皇帝名赫连勃勃（391~425年）匈奴人，原姓刘，自称为大禹后代，后改姓赫连，在群雄纷争的十六国时期，他的一生集中反映了我国少数民族与中原地区之间战争与融合的历史纠葛，此人骁勇善战、纵横南北，曾一度占领长安，当时其手下谰言定都长安，而赫连勃勃认为国家政权难以稳定的因素在北方，故而回到无定河源头的红柳河畔建筑都城，南望秦川沃野，北控草原大漠，以期统领万方。当时的陕北一带还是水草丰美之地，他曾叹道："美哉斯阜，临广泽而带清流。"他所建都城城墙，均用石灰石、白黏土、石英砂等蒸熟再板筑夯实而成，为了建筑坚固的城堡，赫连勃勃还起用酷吏大臣叱干阿利督办，此人残暴凶狠，在检查工程时，命人用铁矛锥刺城墙，若刺进一寸，便将施工者斩首并把尸体也筑入墙内。这种极端刑罚加之材料的特殊性，使得城池坚固无比，至今，虽经1600余年战争风雨剥蚀，但城墙依然巍然屹立。站在称为马面的敌墙之上，遥望朔风劲吹的大漠，俯视城墙脚下潺潺红柳河水，你依稀能感到当年这里"崇台霄峙、秀阙云亭、千榭连隅、万阁接屏"的壮观宏大。

据史载，赫连勃勃修建统万城动用奴役几十万人，死亡无数，那无数冤魂中有多少是春闺梦里人，确实令人唏嘘。而企望统领万方的大夏王朝，仅存25年，便被北魏所灭，正所谓"其兴也勃焉，其亡也忽焉"，徒余诗人的感慨和白城子巍峨的敌楼叙说着千年的历史。

2. 偏关战火忆烟云

"半壁孤城水一湾"，说的是山西偏关。

在广袤的黄土高原深处，千沟万壑间，万里长河畔，偏关独处一隅。它如暮鼓晨钟，守望着沧海桑田，见证着烽火烟云、逝水流年，诉说着暗淡了的刀光剑影。

偏关，一个“关”字，道出了它的独特身份。偏关与宁武关、雁门关在我国古代合称“外三关”，即长城之外，偏关是外三关中最西边的一座。之所以被称做“偏”，是源于它的地理状貌，因为该关城两侧城墙“东仰西伏”，形状似人首之偏，好像古人挽在头上的发髻，因此人们形象地称呼偏头关，后来简称为偏关。

大河滔滔，鼓角争鸣。

偏关历来是边塞要冲、关隘要地，刀光剑影，戍边屯兵。春秋战国时期即是古战场，五代北汉乾祐四年（951 年）这里建立了镇守边疆的驻兵营地——偏头寨；元代升寨为关，明王朝时期，在全国设立 9 个军事重镇，其中之一的太原镇就驻防在偏关，长达百余年。因为地处胡汉民族冲突的前沿，北望漠南、近逼河套，历史上，偏关之雄要居“三关”之首，“雄关鼎宁雁，山连紫塞长，地控黄河北，金城巩晋强。”历史的偏关，以天下名关、北国要塞而声誉远播。

今天山西省偏关县的老县城，就是当年的偏关关城，其东接管涔山（管涔山，属吕梁山脉，是汾河发源地），西临黄河，北连内蒙古，南通雁门、宁武，自古便为兵家争战、屯兵驻防之重地。长城和古堡构成的军事防御体系，见证着刀光剑影和鼓角争鸣。

遍览偏关，这里“三里一墩，五里一台，十里一堡”，上千烽燧，近百古堡，是中国古长城之集大成地。据专家考证，境内古长城穿越历史，纵贯春秋。古代赵、秦、北魏、明等多个朝代所建长城在这里依稀留有印迹。偏关境内长城总长达 500 多千米，居全国第二，仅次于河北赤城。长城建筑构筑有关、隘、烽、堠、墩、台、堡、寨等多种形式。质地有

石砌、砖包、土夯等种类。防御体系内外叠加，长城分为大边、二边、三边、四边、内边、黄河边等多重构筑体系，种类繁多，而且是内长城、外长城“双龙交颈”之所在，很多至今保存完整，有人称之为长城博物馆。著名长城专家罗哲文先生曾称赞：“偏关境内的明长城砖石砌就，非常坚固，较之北京八达岭、慕田峪长城及河北山海关长城毫不逊色”。

也有人把偏关称为“中华古堡第一县”。从战国、隋唐的吴王城，到西汉的九龙山古城，从五代北汉的偏头寨，到明代古城堡，历史古堡近百座，跨越时空 2000 年。

黄河边的偏关，这片曾经战火萧萧的古战场，如今一片萧索、沧桑。仅存的几处古堡警示着人们这里曾经历过的腥风血雨。

偏关境内黄河干流长 30 多千米，也号称黄河入晋第一关，母亲河从青藏高原一路奔腾，穿高原、越大漠，在这里敲开山西的北大门。沿黄河顺流而下，偏关、老牛湾、包子塔、万家寨水利枢纽、关河口、寺沟、护宁寺、桦林堡……古渡口、古村落，名胜迭连，美不胜收，引人神往。

这里是塞上古道、烽火边城，这里融长城文化、黄河文化于一处，集草原游牧文化、华夏农耕文明于一体，揽远古边塞商业与现代市场气息于一遇，博古阅今，兼收并蓄，群芳争妍。

3. 老牛湾

老牛湾是一个美丽的传说。“九曲黄河十八弯，神牛犁河到偏关。明灯一闪受惊吓，转身犁出老牛湾”。它位于晋蒙交界处，以黄河为界，它南依山西的偏关县，北岸是内蒙古的清水河县，西邻鄂尔多斯高原的准格尔旗。长河紫塞黄土地，石板院落石窑洞。这一份古朴与沧桑，让人充满景仰和遐想。

老牛湾是长城和黄河交手相握的地方。作为历经沧桑

岁月的边塞关隘，风蚀月残的成化古城堡、瞭望放哨的砖砌空心楼、嘉靖年间的望河楼，依然伫立在大河岸边展示着过往。长城在这里遇到了黄河，由老牛湾处沿河南下牵手延伸，此后在陕西省府谷县境内，长城跨河西去。因此，老牛湾值得一去，长城古堡，黄河奔涌，中国精神的两大象征，在这里凝聚。

老牛湾，被称作为黄河大峡谷的天然盆景。它处于晋陕大峡谷的开端，黄土高原的沧桑，大河奔流的壮丽，从这里进入了中国最美的十大峡谷之一。这里是黄河万家寨

老牛湾南依山西的偏关县，光秃而陡峭的崖壁下面是白雪皑皑，崖壁之上的古堡静静地矗立着，承载着多少个朝代的历史，见证了多少次刀光剑影。如今的偏关被称作“中华古堡第一县”，古文化的神韵引人神往。

水库库区，河谷两岸壁立万仞，河道中碧波万顷，河岸之上长城耸立，村落中古迹遍布。老牛湾村有两个，分别处于内蒙古和山西，中间有一道深沟相隔。

老牛湾是黄河入晋的第一村，也是长城和黄河第一次握手的地方，单凭这两个第一，就足以让人对老牛湾充满期待。经过历史沉淀的老牛湾古堡静谧而祥和，这里的人们依旧遵循着古老的生活轨迹，追逐田园牧歌，绽放着古朴魅力。

老牛湾有长城，有大河，有古堡，有烽火台，还有诸多古渡传说。金戈铁马的边塞风云并没有改变老牛湾的本性。今天的他悠然、静谧、祥和。面朝黄土背朝天，当地人依然循着古老的生活轨迹，追逐田园牧歌，绽放古朴魅力。

二、厚重黄土地

1. 碛口古镇

在黄河晋陕峡谷中部，山西临县城南约 50 千米处，有一处中国历史文化名镇——碛口。

碛口，下距黄河壶口 200 余千米。因为地理环境上傍依吕梁、襟带黄河，山环水抱，大自然赐予这方土地“虎啸黄河，龙吟碛口”的状貌。

所谓“碛”，水渚有石者。据说碛口段黄河有一处近 500 米长的暗礁，水势落差悬殊高达 10 米，水流湍急，激浪翻滚，“黄河行船，谈碛色变”，对正常商业往来船只构成巨大危险，“望碛兴叹”，不得不在此水运转陆运，由此成了著名中转站，号称“水旱码头小都会”。

碛口很小，但却声名远扬，遥古迄今，有“九曲黄河第一镇”之美誉。历史上军事、商业、经济作用不可小觑。

走进碛口，可见历代留下的依然保存完好的商业建筑和古民居。当铺、票号、货栈、码头等，被人称为“活着的古镇”，见证了当年小镇商品集散地的繁荣和兴盛。因为地处晋陕商道水陆交通的中心点，东、西分别连接太原、北京、天津和陕西、甘肃、宁夏、内蒙古，自古就是东西经济文化跨河交流的枢纽，堪称我国北方地区、黄河岸边的知名商贸重镇。碛口在清朝乾隆年间，是广为人知的“晋商西大门”。

碛口作为军事要冲，是古时山西防御匈奴的要塞。1948 年 3 月，毛泽东率队东渡黄河曾夜宿碛口古镇，现仍保存毛泽东东渡黄河纪念碑、路居处等旧迹。在抗日战争、解放战争期间，这里是两岸军事物资的通道和重要生产基地。

大河孕育了碛口深厚的历史和丰富的文化内涵。走进碛口，可以饱览古镇风韵、水旱码头、卧虎山、黑龙庙、黄河漂流、二碛冲浪、麒麟沙滩、黄河土林、红枣园林和以西湾民居为代表的一批晋商老宅院。古色古香，穿越现实，意蕴隽永，令人慨叹，让人忘返。

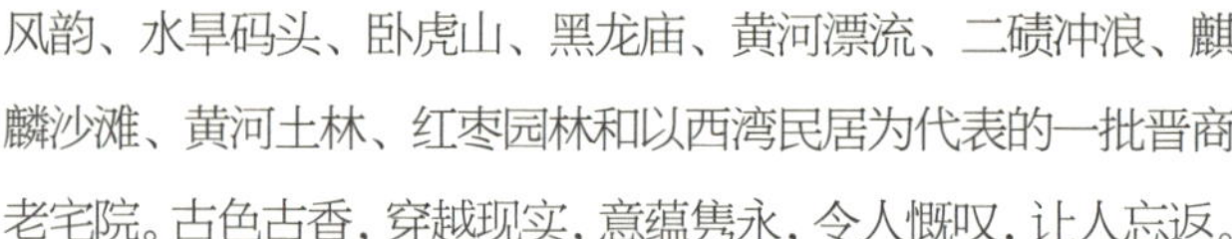

2. 绝壁古刹香炉寺

黄河与其支流佳芦河的交汇之地，是现陕西佳县，也是古佳洲，号称铁佳洲。佳县古称葭州，因佳芦河两岸芦苇茂盛而名。

陕西佳县香炉寺。虽未身临其境，单从图中即可看出香炉寺所处位置的险要，险峻之外却也掩盖不住它的美，不负“黄河小蓬莱”的美誉。

佳县县城东北、黄河畔的悬崖峭壁上，有一座古寺，名叫香炉寺，距今已有400多年的历史，香炉峰历经半个世纪的沧桑，袅袅香火，见证着大河澎湃，吕梁逶迤。

这里无不因“险”“特”“美”而著称，假如你身临其境，就能感受到这些独特的体验。

“险”，是因为它所处位置之险要。远观香炉峰，犹如跌落人间一巨大柱石。它扎根大河之畔，高20余米，四面绝空，仅有一条5米长、1米宽的天桥与主峰连接，穿过断桥，如坠空际，不禁让人噤声屏气，惊险异常。登上古寺，远眺东望，黄河波涛翻滚，激浪磅礴，气势浩荡，直抵心魄。

“特”，是因为它屹立500年而不倒，该寺建于明朝万历年间，当地有“仰望城郭始天上，俯视野村在镜中”的诗句来描述该寺独特的地理位置。它坐落于汹涌澎湃黄河洪涛的悬崖峭壁上，寺院由两部分组成，西边部分与山城腰部相连，内有龙王庙、娘娘庙、寄傲亭，还有石碑、石坊、壁画、古柏等文物。而东边的香炉峰则传说不是人力所为，而是开天辟地的盘古安放好的。

古刹之“美”，则内外兼修。此寺为明代营造，是一座观音小庙，三合院式建筑风格，山峰上正殿是圣母祠，左右有配殿，南边有山门、石碑坊等。建筑风格及寺内所存石刻、书法艺术等对现在这方面的研究均有很大借鉴意义。“香炉晚照”更是佳洲八景之一，西霞西映，香炉峰倒影黄河，如同蓬莱之仙境，香炉寺还一直秉承着“黄河小蓬莱”的美誉。

1947年，毛泽东转战陕北时曾到香炉寺游览。据说当年毛泽东登上香炉寺，俯瞰黄河渡口，曾说：“自古说黄河有百害而无一利，这种说法应该改变。抗日战争中，黄河替我们挡住了日本帝国主义，只这一条，也应该减轻它的罪过。将来全国解放了我们还要在黄河上建桥，发展交通，要用黄河水浇地、发电、为人民造福。”

3. 黄河浮雕

从碛口沿黄河东岸上的沿河公路一直向北 40 千米，在山西临县开阳段附近，你能欣赏到黄河岸边唯一一处最集中、最壮丽、最丰富多样的天然浮雕。这段神奇的天然浮雕画廊长近 2 千米，蔚为壮观，栩栩如生，如工笔、写意，令人叹为观止。

这是典型的天然造化、鬼斧神工。从专业角度来看，有浮雕、镂雕，也有平面线刻、透雕和圆雕，手法万千，皆因岸边岩石长期经受水蚀和风蚀而成。面对栩栩如生的

黄河水蚀浮雕地质遗迹。这是岩石长期经受水蚀和风蚀，纯天然而成的伟大艺术品，也是黄河岸边唯一一处最集中、最壮丽、最丰富多彩的天然浮雕。在这里，你可以尽情地发挥你的想象力，毫无禁忌地把它化作你脑中的艺术品。

耐人寻味的浮雕造型，不禁让人深思并追问，是大河之神奇，还是人类尚不足开化？这一幅幅如动物、如植物、如符号的“描绘”，着实考验你的审美和想象力。

有关方面专家考证认为，这里的水蚀浮雕地质遗迹形成于三叠纪，是地下水溶蚀与河流冲蚀的复合作用，加之长期的风蚀、光照作用而成。中国地质科学院原院长赵逊教授指出，这一带厚层砂岩内含有大量的正长石和石英石，在水溶蚀、河流冲蚀、风蚀和日照条件下，正长石逐渐分化分解，包含在正长石之间的石英石失去了周围的支撑也从厚层砂岩中脱落下来，因此在砂岩中就形成了石沟、石龛、石窟、石书等形状的天然浮雕。

步入画廊，或乘船，或沿公路，黄河浮雕有的如情侣偎依，有的像船夫拉纤，有的像大河音符，有的如黄河迷宫，昭示着这里的魅力与神奇，极具观赏价值和研究价值。

4. 秋风楼

秋风楼因藏有汉武帝所作《秋风辞》碑而得名，位于山西万荣县后土祠后面，俗称“后楼”，被视为后土祠之压轴建筑。

“秋风起兮白云飞， 草木黄落兮雁南归。兰有秀兮菊有芳，怀佳人兮不能忘。泛楼船兮济汾河，横中流兮扬素波。箫鼓鸣兮发棹歌，欢乐极兮哀情多。少壮几时兮奈老何！”

该辞是当年汉武帝到山西汾阴（今万荣县）祭祀后土，途中泛舟大河，触景生情留下的千古名作。当时，汉武帝出巡祭祀后土，途中前方报来疆场捷报，这是一个喜讯，他当即把行经过的地方命名为闻喜（今山西闻喜县，西邻万荣县）。在乘船汾河泛舟时，眼见秋高云淡、鸿雁南归、群臣宴饮、琵琶鼓鸣，不禁生发出对自然和家国的忧思，抒怀“欢乐极兮哀情多”的感叹，萌发出“佳人不能忘”和“少壮几时兮奈老何”的自我警醒。据分析，诗中的“佳人”指的是治国贤良。

汉武帝之所以祭祀后土、创作名辞，与后土的特殊地位有关。后土，是古代对土地神的敬称，与“皇天”并成为“皇天后土”，后土之神也称为“社”，与谷神“稷”并列，代表国家政权。由此可见后土祠在我国农耕社会的重要地位。

后土庙坐落于“背汾带河”之风水宝地，既是秦晋枢纽，又是风景优美的祈谷胜地。据载，轩辕黄帝曾在这里“扫地为坛祭后土”。公元前 163 年，汉文帝在此立汾阴庙，到了汉武帝时期，公元前 113 年，他改“汾阴庙”为“后土祠”，以视朝廷对土地的敬畏。汉武帝一生曾 6 次前去祭祀后土，把祭祀后土列为国家大事，形成常例。此后，历代帝王将相多有祭拜。唐玄宗李隆基曾 3 次来祭祀后土，并扩建祠庙。宋真宗赵桓遣专使对祠进行修葺，并亲临祭祀，还在此亲撰碑文《汾阴二圣配飨铭》（“二圣”即宋太祖赵匡胤、宋太宗赵光义）。

黄汾河滋润了这片千古胜地，但也时常带来洪患之忧。明万历年间，黄河水灾严重，破坏了后土庙所在地，后土祠不得不迁建。清顺治年间，后土祠又一次被黄河淹没，仅留下门殿和秋风楼。清康熙元年 (1662 年)，黄河在此决口泛滥，洪水吞没了整个后土祠所有建筑。此后近 200 年时间后土祠没有恢复重建，直到清同治九年 (1870 年)，祠庙再次迁址，也就是现今万荣县宝鼎乡庙前村北高崖上的建筑。后土祠正殿内供奉的是后土圣母像，百姓称为后土娘娘。内有对联一副：“后配六合之天至圣至德自应崇代代，土为万物之母滋生滋育所以称娘娘。”新中国成立后，这里成为全国重点文物保护单位。

秋风楼是一座宏伟壮观、砖木结构的古楼，高3层，形制俊秀，内修精巧，整个楼体建在一座高大的台基之上，台基底部东西贯通，东门刻“瞻鲁”，西门雕“望秦”，南面是正门。如今，登秋风楼，凭栏远眺，北瞻龙门，南衔潼关，大河悠悠，不禁让人思接千载，临风怀古。

5. 精神象征——壶口瀑布

壶口是一个地理名称，更是一个象征，是我们民族坚韧不拔、勇往直前精神的象征。

壶口瀑布是世界奇观。它的气势，它的映像，它的声啸，它的色彩，惊天动地，震撼心魄，被誉为中国三大瀑布之首，享誉海内外。

世界奇观——壶口瀑布。黄色的瀑布已实属罕见，又如此声势浩大自然享誉国内外。壶口瀑布除了壮观外，还有另一番美景，就是在晴空万里之时，瀑布上方出现的五彩缤纷的彩虹，在浊浪奔腾中如梦如幻。

壶口，顾名思义，“盖河漩涡，如一壶然”（语出《禹贡》）。它一壶接两省，西为陕西宜川、东临山西吉县。

壶口瀑布以地质奇观为最。壶口位于晋陕峡谷末端，两岸高山夹峙，河床约为300余米，至壶口，河床地质突然变化，形成谷中谷，宽度仅有30~50米，成为大黄河最窄的河谷。壶口就位于谷中谷的末端，形成断崖，河水自北而南奔腾而至，到此突然跌入断崖，形成瀑布。由于水势奔腾，瀑布呈U形，随水势大小而变化外弧形状。此弧从30米到百余米不等，围绕壶口落入河床之下的河槽。这一河槽一直向下游延伸，号称“十里龙槽”，成为壶口下又一盛景。由河水砂砾在瀑布上下基岩上淘刷形成的“淘蚀圆坑”，石坑周壁圆润如磨，经沉淀的河水晶莹透澈，人们称其为“石窝宝镜”。

壶口断崖的形成，主要由地质、水流、冰冻等因素所致。其中地质条件起了决定作用。这一带河床基岩为

俗话说“天下黄河一壶收”，黄河在流经壶口之前是宽阔的河道，到达壶口时，宽广的河道骤然被两岸所束缚，黄河由壶中倾泻而出，犹如长时间积聚的愤怒，在顷刻间爆发。

2.5 亿年前三叠纪时期形成，以砂岩、泥岩、页岩为主，由于几种岩石软硬程度不同，在几个大的地质构造年代，导致峡谷纵横断裂，黄河干流贯通后，洪流激荡，河床基岩中软质石层被冲走、硬质层下形成溶洞，并逐渐下切，形成最初的断崖瀑布。而且，长年的河水冲刷，使得谷中谷溯源上移。据考证与观察，黄河壶口瀑布一直在向上游移动。

壶口瀑布以浊浪彩虹为美。“收来一壶水，放出半天云”。水流跌入约 50 米高的断崖之后，谷底激起的水雾，散射在壶口上空，时如烟雨，时如云雾，风和日丽之际，瀑布上空水汽氤氲，常常会出现五彩缤纷的彩虹，在浊浪奔腾中如梦幻如仙境。

壶口瀑布声势浩大，“谷涧响雷”是其又一视点。滚滚黄河水，挟势而下，原本 300 米宽的磅礴河势，在壶口处受变异河床束窄，能量聚集，倾斜而下，再加之高达 50 米的落差，“湍势吼千牛”，从远处行来，刚一进入峡谷，便可闻听千牛之吼，令人心旌摇移、魂魄难定。

传说中，壶口是大禹治水凿石导河的地方，《水经注》中有如此记载：“禹治水，壶口始”。

20 世纪 50 年代，在黄河治理开发最初阶段，国家规划的梯级水电站中有壶口之下禹门口水库，按照这一规划，壶口就会被淹没。有识之士及时指出，黄河壶口瀑布不仅仅是自然景观，而且是中华民族精神的象征，水电站可以不建，壶口不能没有。在以后的历次规划中，禹门口水电站取消，代之以壶口上的古贤水库。目前，这一水利工程正在筹划建设中，按照规划方案，这一水利枢纽会较好控制水流，消除洪水、冰灾等对壶口瀑布的侵害，保证这一世界级自然、人文景观达到最理想的水瀑状态，为人们带来四季如一的视觉享受。

三、鲤鱼跳龙门

1. 禹门口的传说

壶口瀑布以下 60 余千米处，就是龙门。龙门也叫禹门口，传说中这里是大禹治水凿开的河口，故名。《水经注》有“龙门为禹所凿，广八十步，岩际镌迹尚存”的记载。《禹贡》中有“导河积石，至于龙门”之说。后人为怀念大禹治水功绩，曾在河中岛上建有大禹庙，后毁于战火。

黄河自壶口喧腾咆哮而下，来到这晋陕大峡谷最窄处的峡谷出口处，但见“龙门三激浪，平地一声雷”，腾空跃起，高高跌下，犹如鱼跃龙门。《埤雅·释鱼》：“俗说鱼跃龙门，过而为龙，唯鲤或然”。“鲤鱼跳龙门”的传说多有记载，传说中，“每岁季春有黄鲤自海及诸川争来赴之，一岁之中，登龙门者不过七十二。初登龙门即有云雨随之，天火自后烧其尾，乃代为龙”。

上图为民国时期的龙门照片，照片中热闹非凡。亭台楼榭依山而建，人们奔走于黄河两岸。如今这里成为黄河的咽喉，黄河从两岸悬崖断臂之间，一泻千里，破“门”而出。惊涛骇浪之中是黄河发出的滔滔水声，流传着大禹治水的传奇故事。

当地还有一些关于大禹治水的传说。如当年大禹开辟河路时有两条选择，其一是现在的禹门，另一条则是陕西黄龙山下川。在民夫正赶往黄龙山的时候，突然空中一只大鹏发出声叫：“错开河，错开河，开西不胜往东挪！”神奇的大禹善辨鸟语，闻听此言，即下令改向东挪，后来民间便将通往陕西下川的交叉

处起名叫“错开河”。

龙门位置险要独特，自古为秦晋交通要冲。据说当年李自成农民起义军就是从这里渡河直捣幽燕，一举推翻明王朝。这也与鲤鱼跳龙门传说中的“上者为龙，下者为鱼”寓意相吻合。

古人面对龙门吟诗咏怀者颇多，如李白有“黄河西来决昆仑，咆哮万里触龙门”，初唐骆宾王也在《晚渡黄河》中写道：“通波连马颊，进水急龙门”。

今天《河津县志》中总结有“龙门八景”，分别是：

石栈连云、鸣泉漱玉、南亭夜月、北口秋风、层楼倚汉、飞阁流舟、桃浪三级、雷声一震。

2. 高山仰止——司马迁祠

与秋风楼隔黄河相望，就是陕西省韩城市太史公司马迁祠。

古时黄河龙门就是韩城地域的代称。

《太史公自序》中记载，“迁生龙门，耕牧河山之阳”。今天的韩城（西汉时称左冯翊夏阳）是司马迁的故乡，也是出生之地。

司马迁是我国汉武帝时期著名的史学家和文学家，他以“究天人之际，通古今之变，成一家之言”的史识，著成“史家之绝唱，无韵之离骚”的《史记》一书，名垂千古。

司马迁史绩宏伟，但生平坎坷。幼年时期他身居故乡，生活贫苦，随着汉武帝“罢黜百家，独尊儒术”的兴起，其父在京城长安做了太史

司马迁墓地与祠相连。在岗阜至高处。墓用砖砌成圆形宝顶，顶上植有古柏枝丫遒劲，浓密青翠，为宋元所筑衣冠冢。坡下台地上筑有寝宫、享堂和配殿，四周筑成带雉堞的高墙，如城似堡，道路蜿蜒而下。于此，居高临下，极目千里，雄伟壮观。

令（相当于现在国家图书馆馆长），司马迁始由夏阳迁往长安，师从孔安国学习《尚书》，跟董仲舒学研《春秋》，之后继承父业官至太史令。“李陵事件”中他为投降匈奴的李陵辩解，触怒了汉武帝，遭受宫刑。在身心遭遇极大创伤与耻辱的情形下，他自强不息、发奋著书，完成了《史记》的撰写，开创了中国编年体史书创作的先河。

司马迁非凡的影响和对史学的贡献，为世人敬仰，后人在其家乡筑祠墓以纪念。

今天可以前往凭吊的司马迁祠墓坐落在韩城市芝川镇的韩奕坡悬崖上。这里西眺梁山，东望黄河，远观芝水长流，南瞰古魏长城，依势赋形，气象万千。拾级而上，眼见书写着“汉太史司马祠”“高山仰止”“河山之阳”等字的牌坊，传递着太史公不平凡的一生，历经 99 级台阶后就正式进入祠院，先是致敬尽礼的献殿，后可见上书“太史祠”匾牌的寝宫（建于北宋 1125 年），宫正中司马迁全身坐像端坐，引人景仰。整个司马迁祠墓，碑石林立，记录着络绎不绝的吟咏纪念。祠后即为司马迁墓，墓碑上刻有“汉太史司马公墓”字。

司马迁祠墓始建于西晋永嘉四年（公元 310 年），距今已 1700 多年历史，当时，“夏阳太守殷济，瞻仰遗文，慕其功德，遂建石室，立碑，树柏。”北宋靖康四年重建寝宫。此后千余年，祠墓不断得到扩建或修缮。清康熙七年（1668 年），再次进行了较大规模的扩建。新中国成立后，亦进行了数次重修。

太史祠规模并不宏大，但其影响却和司马迁的名字一样远播广宇，今天，当地仍然延续着大规模的祭祀活动，以怀念这位历史名人。

四、三十年河东

1. 大槐树下

大槐树下，寻根之处。对于华夏儿女而言，这里是络绎不绝问祖探源的所在。因此汾河之畔山西洪洞县被誉为“槐乡”，意取怀乡、槐香之义。

在中国广袤的大地有几句流传久远的歌谣：“问我祖先在何处，山西洪洞大槐树。祖先故居叫什么？大槐树下老鹳窝”。这个歌谣老幼皆知、情深意切。

至今大槐树仍在，成为各方华人祭奠拜祖的圣地。走进景区，无论是宏模巨制的根雕大门、根字影壁，都凸显着一脉相承的根意，还有槐香桥、鹳鸣桥、莲馨桥、同源渠等，都给前来寻根问祖的乡人以归属感，还有迁民壁画、一代大槐树遗址、二三代大槐树、思源潭、献殿、祭祀广场、祭祖堂等处可供凭吊祭念。

山西洪洞大槐树遗址。这里曾经是亿万移民挥手作别故乡的地方，有着很多的回忆。如今这里逐渐发展成为凭吊祭念、忆乡情的地方。大槐树公园也进行了重修与扩建，风韵犹存。

说起洪洞大槐树和移民，故事发生在明朝时期。元末明初，战乱水患等灾害频繁，导致华北、中原、西北等地人口大量减少。为恢复农业生产，当朝推行移民垦荒振兴农业政策，从明初洪武年间开始大量自山西南部人口比较稠密的地方向外移民，洪洞县就是当时晋南人口稠密地区，办理移民的政府官员就驻扎在洪洞城北很近的贾村西侧广济寺，寺旁恰有一“树身数围，荫遮数亩”的古槐树。因此，大槐树作为移民的集散地，成了移民挥手故籍的作别之处，也成了后来百万移民后裔思乡念根之源。

据有关资料记载，自洪武六年（1373 年）到永乐十五年（1417 年），半个世纪内山西境内移民多达 18 次，移民被遣往北京、河北、河南、山东、安徽、江苏、湖北、陕西、甘肃、宁夏等 10 余省，遍布全国 500 多个市县。有些移民又二次迁徙至云南、四川、贵州、新疆及东北等地。

移民迁移流传下的一些故事也颇有意味。比如说，现在人为何喜欢背着手走路？传说是当时官员为防范移民中途逃跑，便把移民双手反绑，用一根长绳联结着押解在路上，由于途中遥远，长时间捆绑，胳膊麻木，形成反背手的姿势，以后就变成了习惯。还有，为什么“大小便”称作“解手”？据传是因为移民被长绳串绑着，长途跋涉中，需要大小便时就得向官兵报告：“老爷，请解手，我要方便。”重复多了，后来简化成“老爷，解手”。“解手”一词，也成为大小便的代词。

20世纪80年代初，当地政府重修并扩建了大槐树公园，目前属山西省文物保护单位，是我国祭祀文化中的瑰宝。

2. 黄河古渡与铁牛

黄河跃龙门、出潼关，遭遇华山阻挡后东流。就在这大河转弯之前的山陕两岸，依次分布着风陵渡、大禹渡、茅津渡、蒲津渡等黄河古渡口。

位于山西省永济市古蒲州城西门外的蒲津渡，因出土唐开元铁牛而知名。1989年，经过查访勘探，发掘出土了

黄河古渡口。曾经繁华的渡口，对高原与中原的交通起了非常重要的作用。有些渡口还建造了各式桥梁，使往来车辆畅通无阻。如今却只剩下几根柱子屹立在黄河岸边，略显萧条。

4 尊 唐开元铁牛和铁人 4 个，分为南北各一组。

据考察，蒲津渡自古就是秦晋交通要冲，这里很早就有建造浮桥的历史。《春秋左传》《 史记·秦本纪》均有记载， 隋唐亦然，唐开元六年（718 年），蒲州被置为中都，与西京长安、东都洛阳齐名，更凸显当地交通之重要。开元十三年（725 年），唐朝重建其桥，铸造铁牛代替木桩，固锚作用更加强劲，建成了黄河上第一座固定铁索桥。后因元末桥遭毁坏而弃之不用，明代为启用蒲津渡又曾先后多次利用铁牛建桥。“三十年河东，三十年河西”，如今，黄河河床已经西移了 5 千米左右，铁牛在河床西摆过程中逐渐淤积湮没于地下。

今天永济市古蒲州城西门外的黄河古道、蒲津渡遗址上，

蒲津渡以出土唐开元铁牛而著名，铁牛是为稳固蒲津浮桥，维系秦晋交通而铸。图片中的铁牛铸像腐蚀严重，但其栩栩如生的造型确实令人感叹。

展示着出土的 4 尊铁牛和牵牛人。铁牛雄健壮硕，昂头直角、怒目圆睁，似在负重；每尊铁牛高约 1.9 米，长约 3 米，宽约 1.3 米，重约 30 余吨，据史料记载，铸造这些铁牛，耗用了当时全国铁产量的 1/4 以上。牛尾后有横轴，长 3.3 米，用于拴连桥索。最为奇特的是，铁牛两支后腿是斜插入地下，起到索桥墩柱的作用。每牛旁各有一高鼻深目的胡人做牵引姿势，铁人亦健壮魁伟，形象栩栩如生，他们身着燕尾式大敞，为人们研究当年服饰留下了具体的实物。

黄河铁牛，见证了炎黄儿女的聪慧与勤劳。除了用铁牛固定索桥外，古人还有震慑洪水之用意。《易经》中说“牛象坤，坤为土，土胜水”，取“兵来将挡，水来土掩”之义，昭示着当时与洪水斗争的决心和意志。著名桥梁专家唐寰澄在仔细研究这一带出土的铁牛、铁人后不禁赞叹到：“这是一个具体的工程建设，有实际功能的艺术珍品，是技术和艺术有机结合的典型，是中国人民对世界桥梁、冶金、雕塑事业的贡献，是世界桥梁史上唯我独尊的永世无价之宝。”

3. 夜听西厢

坐落于山西省永济市蒲州古城东 3 千米处峨嵋塬头上的普救寺，始建于佛教在我国大兴的唐朝武则天时期，重修于 20 世纪 80 年代中期。

这是一座典型北方风格的寺院。坐北朝南，依山势而建，居高临下，俯瞰众生。走进普救寺，首先进入寺院，后院后面是园林。寺院里面的主要建筑包括：东中西 3 条纵轴线上分别为明清形制的前门、僧舍、枯木堂、正法堂、斋堂、香积厨，宋金两代的天王殿、菩萨洞、弥陀殿、罗汉堂、十王堂、藏经阁，以及唐代建制大钟楼、塔院回廊、莺莺塔、大雄宝殿等。

我国古典戏曲名剧《西厢记》里“红娘月下牵红线，张生巧会崔莺莺”的故事就发生在这里。《西厢记》又名《崔莺莺待月西厢记》，作者王实甫。

主人公崔莺莺是相国之女，有“倾国倾城之容，西子太真之颜”，而且针织女红，诗词书算，无所不能。而当时的张生则是一介飘零书生，赶考途中偶经普救寺，本想在此地逗留访旧友、探名寺，没想到恰遇在此滞留的崔莺莺母女，让他不禁发出“十年不识君王面，始信婵娟解误人”的赞叹。为情所困，便借宿寺内住进了西厢房。此间，两人深相爱、热相恋，历经联吟、听琴、赖婚、逼试等曲折，从相见相思，到相爱相恋，终成眷属。《西厢记》在我国家喻户晓，剧情复杂、文辞优美，其中如“罗衣不奈五更寒，愁无限，寂寞泪阑干”“花影重叠香风细，庭院深沉淡月明”等句，与美丽动人的爱情故事相得益彰。

如今，走进普救寺，张生当年借读的“西轩”“书斋院”，崔莺莺母女和侍女红娘居住的“黎花深院”，张生翻墙约会崔莺莺的跳墙处和他跳墙踩踏过的杏树，均有迹可循。有诗为证：“待月西厢下，迎风户半开，隔墙花影动，疑是玉人来”。《西厢记》“白马解围”一折中的“观阵台”就是如今的大钟楼，登上大钟楼，眼前似乎展现出当年张生的朋友白马将军仗义前来破贼解围的场景，“半万贼兵，卷浮云片时扫净”之激战。

现今寺内有一方石碣，石上刻有七言律诗一首：“东风门巷日悠哉，翠袂云裾挽不回。无据塞鸿沉信息，为谁红燕自归来。花飞小院愁红雨，春老西厢锁绿苔。我恐返魂窥宋玉，墙头乱眼窃怜才。”这首诗记述着千百年来张生和崔莺莺这对青年男女美丽动人的爱情故事。

寺中最著名的莫过于以佳人之名命名的莺莺塔，一座方形砖塔，原叫舍利塔。塔高 37 米，共 13 层。该塔以“击石蟾声”闻名，列为我国四大回音建筑之一（其余 3 个分别是北京天坛的回音壁、河南陕县宝轮寺塔、四川潼南县大佛寺内的“石琴”）。该塔同时又与缅甸掸邦的摇头塔、匈牙利索尔诺克的音乐塔、摩洛哥马拉克斯的香塔、法国巴黎的钟塔、意大利的比萨斜塔，并称为世界六大奇塔。莺莺塔在明嘉靖四十三年重修过一次，最近又于 20 世纪 90 年代进行了再次修葺。关于“蟾声”之谜，如今经过科学界依据声学机理的研究也给予了解释，这缘于它特殊的地形地貌、独特的建筑结构和建筑材料，由此形成的特殊回波脉冲现象。

如有机会到这里游历，你可以亲自拿起石块击打莺莺塔下的石墩，聆听传入耳中的青蛙的鸣叫。

【卷五】 前世今生三门峡

黄河出晋陕峡谷的禹门口后，在被称为『汾渭盆堑』的山陕平原上游走130余千米，遭遇中国地理分界线大秦岭的阻挡，用千年波涛触碰了一下潼关古城后，转了一个90°直角，径直向东奔去，穿越晋豫、豫西峡谷，开始华北大平原的横冲直撞。由于巨量泥沙以及水沙比例不协调造成大淤积，历史上，挣脱最后一段峡谷后的黄河下游以悬河和决口泛滥著称，使之在华北大平原上形成的灾难和它铸就的辉煌齐名，人们称其洪水为『心腹之患』。中华人民共和国成立后，三门峡谷因其地理地质的特点，成为『治理黄河水害、开发黄河水利』战略的首选之地。这一战，胜负臧否，至今争论不休。

一、泾渭分明浥轻尘

渭河发源于甘肃省境内的鸟鼠山，是黄河最大的支流，它汇集了来自于黄土高原的泾河，孕育了肥沃的关中平原，于潼关汇入黄河。

这八里秦川，是中国历史上最为风云变幻的故土。

1. 灞上风云

灞上即霸上，在今西安市东，因在霸水西高原上得名，因有白鹿出灞上，始称白鹿原。这块不大的土地曾经易换多个地名，不同的名称或牵连着波澜壮阔的历史，或连缀着闪耀古今的诗篇。

《史记·白起王翦列传》：“王翦将兵六十万，始皇自送至灞上。”从此燃起了灭六国的战火。《史记·项羽本纪》绘声绘色描述的鸿门宴也发生在这里：“沛公军霸上，未得与项羽相见。”曹无伤挑拨道：“沛公有野心。”有勇无谋的项羽大怒，准备第二天就击破刘邦军。敌强己弱，刘邦急向项羽示弱请罪。双方在宴会上斗智斗勇，一方如鱼儿急急破网入海，一方恍恍然似胜券在握，直气得项羽的军师范增摔玉斗而骂：“竖子不足与谋！”灞上一宴，刘项胜负几成定局。

叶剑英诗《重读＜论持久战＞》，道：“唱罢凯歌来灞上，集中全力破石头。”这与毛泽东“宜将剩勇追穷寇，不可沽名学霸王”的思想一致，是以楚汉争霸历史为鉴而发出的感慨，足见灞上在战争谋略中的地位。

灞河之上，曾经的灞桥是人们迎送宾客，彼此话别的地方。如今的灞桥成为现代人休闲娱乐的地方，灞桥两岸的柳絮漫天飞舞。

汉王朝后，这里又称作“灞陵”。因汉文帝及其母薄太后之陵而名，薄太后这位苏州女子曾是魏王豹的妃子，汉高祖刘邦偶遇，为其秀色所惑，带至宫中，后薄氏产子，即汉文帝刘恒，刘恒之子中出景帝，薄太后一身有两代帝王，

也算荣耀至极。这位太后，不仅力劝儿孙两代皇帝躬耕农田，自己还亲下农田拾麦穗。文景之治，使汉朝成为中国历史少有的繁荣富华的时代之一。其身后之陵改为灞陵，也算是对这位稀世女子的褒肯。

据说，赵高“指鹿为马”中的鹿，即捕于白鹿原。由于紧傍秦岭，这里森林茂密、泉水长流，养育了数不清的野生动物，成为汉代上林苑的一部分。据《汉书·旧仪》载：“苑中养百兽，天子春秋射猎苑中，取兽无数。其中离宫七十所，容千骑万乘。”汉文学家司马相如著《上林赋》，劝讽皇家不要奢侈浮华，但是由于其笔法至臻至美，成为赋体的典范之作，后人不解其本义，反而对上林苑更加充满向往。

秦汉时在灞河上架有木桥，名曰“灞桥”，唐时在灞桥设驿站，被称作“灞亭”，古时人们多在此迎宾送客。暮春时节，灞桥之畔，清风拂动垂柳，柳絮漫天飞舞，恍若白雪飘落，这就是长安八景之一的灞柳风雪。离开繁华温柔之地，去寻找新的人生坐标，难免愁肠百结，情与景溶，离愁别绪顿生，执手相看，长吟而别，不朽诗作由此而成。“箫声咽，秦娥梦断秦楼月。秦楼月，年年柳色，灞陵伤别。乐游原上清秋节，咸阳古道音尘绝。音尘绝，西风残照，汉家陵阙。”李白一首《忆秦娥》，道尽天涯游子去国怀家的心境。

宋元以后，这里重重叠叠的古冢弥漫着帝王的暮气，压抑了原始林野中的勃勃生机，农耕社会不紧不慢的节奏，控制了这片200多平方千米的黄土地，灞上趋于沉寂。如今，楚汉争霸已成为过眼云烟，灞柳风雪早已无处可寻，但来到这里的人们，往往不经意间就会触碰到尘封的历史脉动，引发无尽的思索……

2. 华山论剑

一说起华山，众多武侠爱好者第一反应通常是金庸笔下的华山论剑。武林的顶尖高手会集华山，各施绝技，决一高下，乃武林难得一见的比试。

华山，不仅在武侠小说中得到神化，它更是我国著名的五岳之一，号称“ 西岳”。华山位于陕西省华阴，雄踞关中东部，南接秦岭，北瞰黄渭，扼守着大西北进出中原的门户。华山以奇、险、峻、秀著称，它是亿万年前造山运动岩浆侵入地壳冷却形成的一块硕大无比的花岗岩体，犹如擎天一柱，古代就有“华山如立”的说法。

华山海拔2154.9米，有东、西、南、北、中5峰。主峰有南峰“落雁”、东峰“朝阳”、西峰“莲花”，3峰鼎峙，李白曾写诗赞叹其“势飞白云外，影倒黄河里”。云台、玉女2峰相辅于侧，36小峰，虎踞龙盘，罗列于前。因山上气候多变，形成“云华山”“雨华山”“雾华山”“雪华山”，游客置身其间，有临仙境之感。华山上的著名景区多达210余处，有凌空架设的长空栈道，三面临空的鹞子翻身，峭壁绝崖上凿出的千尺幢、百尺峡、老君犁沟等，其中华岳仙掌被列为关中八景之首。华山四季景色变幻迷人，蓄秋冬之壮观，春夏之柔媚，鸣泉、飞瀑、红叶、雪凇，云雾雨雪，峭岩青松，赏不尽奇丽旖旎。此外，华山日出映金、苍龙行

华山自然景观迷人，在历史上有“华山如立”的说法。画面中的华山被白雪覆盖，远处云雾萦绕，已看不清原本的山体，但依旧能够感受到它的奇、险、峻、秀之态。

云、秋季红叶、冬季雾凇、雨季弧光、夏季幻影、宝莲神灯、地球阴影等幻象奇观，每年都吸引数以百万计的游人。

除了自然景观迷人外，华山还是中国道教名山。道教典籍《云笈七签》中把华山作为“第四洞天”，名曰太极总仙洞天，这里是道教主流教派全真教华山派的发源地，也是被誉为儒师道祖——陈抟隐居的地方。陈抟，五代宋初著名道教学者、隐士，继承汉代以来的象数学传统，并精通黄老清静无为思想、道教修炼方术和儒家修养，对宋代理学有较大影响，后人称其为“陈抟老祖”“睡仙”“希夷祖师”等。他注释《正易心法》，倡先天易学，把道、儒、佛 3 家之学融合在一起，3 教互补，融会贯通，形成中国古代完整的哲学体系，为中国自然科学的发展提供了有力参考。陈抟其人与世无争，不贪富贵，不求仕禄，成为中华民族古代史、政治史、文化史上的一代楷模。

山不在高，有仙则名，应是华山最恰当的注脚。

3. 老腔醇酿

“听老腔，看老腔，听了老腔身心狂。”陕西老腔可以说是原汁原味、从古代传承至今的“乡村摇滚”，土得掉渣，却古朴老辣，能把人撩拨得血脉贲张，物我两忘。

老腔萌生于华山脚下渭水之滨，由当年船夫与纤夫叩舷而歌衍化为说唱表演，曾作为皮影戏的伴唱流传。与当地流行的其他剧种相比，年代较早，且音乐沉稳浑厚、粗犷豪放，为古老之遗响，故谓之“老腔”，2006 年被列为首批国家级非物质文化遗产。老腔表演通常在一个不大的剧场，一走进去，就能感受到浓郁的乡土气息。舞台上面覆着一席麻片，皱皱巴巴，高高低低，配以石碾、石臼、辘轳架，还有四方桌、条凳、马扎等。“咣”的一声定音锣后，拉胡琴的、敲锣打钗的、吹唢呐拾竹板的、打檀木击条凳的，或撑臂下胯，或坐在四方桌上衔着旱烟锅，或蹲上长条凳擎着大海碗，这阵势，活脱脱就是千百年来中国北方6月麦黄天傍晚村边的情景。

老腔一个最响亮的特点就是“吼”。除了二胡以外，所有的腔调与乐器无不极尽夸张，锣声是咚咚的，唢呐是聒聒的，大面鼓是啵啵的，短促急凑，音韵铿锵。最为激动人心、震人魂魄的，是老汉们手拿的半截砖似的檀板，随着唱腔的节奏，他把檀板大力摔向桌椅，那个架势，完全是开山斧辟大树的架势。为了把全身的力气全部摔出来，老汉不把条凳当死木头看，一翻手腕把个长凳转得呼呼啦啦。于是，肩头臂膀裸露的肌肉像跳动的兔子，灯光下油光光的汗水在四下里飞溅。唱者则运足了底气，鼓涨了血脉，似乎全身的每一个细胞都充满了气，然后如凌空惊雷、似水银泻地，让听者无处可遁，刺透耳膜，直入心扉。

“他大舅他二舅都是他舅，高桌子低板凳都是木头”“男人下了田，女人做了饭。男人下了种，女人生了产，娃娃一片片，都在原上转……”这是何等的真实质朴！“太上老君犁天犁地，犁了个沟沟是黄河……”这是怎样俯仰天地的气概！千百年难以驯服的泱泱大河，在他们的吼声里也委顿下来。

老腔带着一人唱满台的气势，带着嘶哑悲凉的苦音，咏叹征战和剿杀、牺牲和失败、繁衍与劳作，它唱出得胜的英雄气吞山河的豪迈，唱出失败的英雄马革裹尸还的粗犷和豪迈，唱出陕西人的冷倔和苍然。

“拉坡号子冲破天，枣木一击鬼神惊。”老腔，是裹挟着黄河泥沙的涛声，是华山雷雨山洪的天籁，更是生命原始本真的呐喊。

4. 渭与河的恩怨

说到渭河，不少人一定会想到成语“泾渭分明”。此成语来比喻界限清楚或是非分明，也用来比喻人品的清浊，或对待同一事物表现出来的两种截然不同的态度。成语源自一大自然景观。渭河是黄河的最大支流，泾河又是渭河的最大支流。渭水流经秦岭山脉，属石质山地，而泾水流经黄土高原，是水土流失严重的地区，泥沙量大于渭水，两河在古城西安北交汇时，呈现出一清一浊、互不相融的奇特景观，形成了一道非常明显的界限，成为关中八景之一而闻名天下。

渭河，古称渭水，全长818千米，流域面积13.43万平方千米，发源于今甘肃省定西市渭源县鸟鼠山，主要流经今甘肃天水、陕西省关中平原的宝鸡、咸阳、西安、渭南等地，至渭南市潼关县汇入黄河。

渭河从两座大山即秦岭和渭北北山的夹角处，猛地一跃，冲出山的包围，进入大平原。可以说，关中平原是渭河的产物，是它在亿万年里裹挟泥沙步入

渭河、泾河在古城西安北交汇时，呈现出一清一浊、互不相融的奇特景象，两者之间界限明显，成为著名的关中八景之一。

黄河之前，在这里形成的囤积。这就是人们常说的冲积平原。渭河平原西起宝鸡，东至潼关，南北宽窄不一，号称“八百里秦川”。历史上，人们将这片平原以河流命名，称为渭河平原。好事者又叫它关中平原。关中土地肥沃，河流纵横，气候温和，《史记》中称其为“金城千里”“天府之国”和“四塞之国”。自西周起先后有 13 个王朝在此建都，如西周、秦、西汉、唐等，历时 1100 多年。这里自古灌溉发达，盛产小麦、棉花等，是我国重要的农作物产区。所以汉代张良用“金城千里”来概括关中的优势劝说刘邦定都关中。战国时期，苏秦向秦惠王陈说“连横”之计，称颂关中“田肥美，民殷富，战车万乘，奋击百贸，沃野千里，蓄积多饶”，并说，“此所谓天府，天下之雄国也”，这个称谓比用之成都平原早了半个多世纪。

渭河在陕西潼关注入黄河。地理上讲，潼关位于黄河、渭河、北洛河三河汇流区的出口。因为汇流区河谷宽阔，而潼关处河谷狭窄，所以形成天然“卡口”。呈“几”字形的黄河自北向南撞击潼关，渭河则自西而来，也在潼关汇入黄河。在三门峡水库运用初期的 1960~1964 年，蓄水拦沙，高水位运行，使得五六十亿吨泥沙淤积库中，造成了潼关河床骤然抬升，继而引发渭河下游河道泥沙淤积、尾闾泄流不畅等问题。加之渭河本身高含沙特性，也存在泥沙淤积的问题，特别是 1991 年以来，渭河来水量剧减，水沙比例严重失调，造成河道萎缩，河床太高，过流能力大大下降。同时渭河堤防质量不高，这些因素相加，造成了 2003 年渭河“小水大灾”的悲剧。

三门峡大坝建成运用不久，当人们发现库区淤积远远超出预想，即开始研究与改建，经历次改建，1973 年开始采用“蓄清排浑”的运用方式，库区泥沙淤积减轻。与此同时，水利界科研单位和三门峡大坝管理部门一直为降低潼关高程、畅通渭河入黄河进行积极探索。

二、崤函古道今昔

若要探究华夏文明的孕育和发展，众多专家认为，黄河、渭河、泾河、汾河这一地带无可替代。关中平原、河洛平原、晋南平原所传承的历史和遗迹，可以上溯到考古新发现的4000万年前“中华世纪曙猿”、180万年前开辟人类用火的西侯度文明直至尧舜禹、商周秦汉唐宋间。

三大平原的开拓、发展与繁荣，离不开崤函古道和黄河漕运。

1. 长安与洛阳之间

在中国历史上，古都长安与洛阳尽人皆知。

长安（这里也指西安）南依秦岭，北有渭河，素有“八水绕长安”之说，它位于关中平原中部，气候温和，物产丰饶，人称“四塞之地”“天府之国”，中国5000

年文明史中这里作为都城的历史就有近 1100 年，是中国建都最多的城市。

洛阳位于黄河以南、洛水之北的盆地间，居于中原腹地，有“四面环山、六水并流、八关都邑、十省通衢”之说，“山河拱戴，形势甲于天下”。“河洛文化”是历史学家公认的国学文化的鼻祖。自西周成王时期周公旦在此建雒邑，东周时期正式成为王朝国都，共有约 9 朝在此建都。西汉时期以洛阳为中心及以东地区设立“河南郡”，河南一词，

便一直沿袭至今。

长安与洛阳，作为中国古代王朝的中心，虽然经常“城头变幻大王旗”，但是，它们构成的沿河布局的中原繁华之带绵延达5000年以上。

三门峡便地处两大古都之间。

三门峡市所在地古称陕州（或陕县）。“陕”者，“山势四围曰陕”，陕州东有崤山，南靠甘山，北隔黄河望中条山，西依函谷关，三面依山，一面靠水，是东通洛阳、

黄河乾坤湾，如一条巨龙环绕着山体，奔腾不息的黄河水侵蚀着两岸的崖壁。2005年，乾坤湾通过了国家资源部的审查，成为第四批国家地质公园，取名延川黄河蛇曲地质公园。

西至长安、南去汾晋的交通咽喉。陕州早期因西周文王的两位儿子、中国古代圣贤——周公旦和召公奭分陕而治得名，召公在陕地的甘棠树下教化民众、商议国事，所以这里又称“甘棠旧治”。

历史上的陕州城，被视为“两京锁钥”“险关要塞”，并且形成了晋、陕、豫3省交界处的商贸重镇、文化名城。但是，几千年来，数不清的地震、洪水等自然灾害以及战乱，使这座城池多次遭到毁坏。1960年，因三门峡水利枢纽的兴建，陕州城处于库区水位线以下，全城居民大搬迁，后来，三门峡枢纽的运用方式改变，这里恢复为三门峡市陕州风景区，形成古陕州及其著名八景，宝轮夕照、绣岭云横、峭陵风雨等依稀再现。

在古陕州城之东，一座新城拔地而起，那就是因三门峡大坝而兴起的三门峡市。新城旧廓，无论是在岁月悠悠的远古还是在日新月异的今天，三门峡作为晋豫峡谷中最为险峻奇绝的一段，都有无尽的诗卷，令人喟叹千古。

纵横交错的农田紧靠黄河两岸，可充分利用如此便利的灌溉水源。远处层层梯田与现代化的道路平行，放眼望去一派生机盎然的景象。

2. 崤函古道三关险

长安到洛阳距离 200 余千米，其间陕州的崤函古道以天险著称。

崤函古道之险因地势使然。陕州以南为秦岭，华山、亚武山、小秦岭等山脉，重峦叠嶂，山势险峻，无法逾越；向北，有黄河兼中条山，其间是厚厚的黄土高坡，被千万年的风雨侵蚀成千沟万壑，形成一道道陡峭的深沟。只有紧临黄河的一级台地上，有自然形成的狭长通道。当地有碑文记载道："车不并辕，马不并列，至险也。"

崤函古道有三，两路为陆路，一路为水路，均为险境。南崤道为雁翎关一线，时称"周秦古道"，已有 3800 余年的历史，据传有夏朝君王皋战死之后藏于此地的陵墓；北崤道在东崤，为东汉末年曹操感南道之险而开凿，故称"曹魏古道"，南北两路相隔约 15 千米。水陆指黄河漕运，根据东汉和平元年重修栈道的石碑记载推算，此栈道至今已有 2000 余年的历史，峡谷现仍存有古栈道遗迹。栈道沿河岸而凿，上有陡峭山崖，下临汹涌洪涛，称为洪岩。黄河纤夫在此逆水上行，艰难险阻，苦不堪言，歌曰："身背纤绳手扒沙，千里滩河步步愁"。到了秋季，天远山清，红叶满崖，艳若桃花，文人墨客行至此地，无不叹赞，号为"洪岩秋霁"，列为陕州八景之一。

崤函古道上的硖石关、函谷关、潼关，历来为兵家必争之地，古道险关狼烟弥漫，号角呜咽。

硖石关位于陕县东的硖石乡。其南为西崤，其北为东崤，硖石关就处在山岸如削的谷底。明代记载，其"山岭危峻，道路崎岖"，清中期的县志描述道："车过尚需数人相挽而升，一遇升折，未有不破辕断辐者"，"自硖石抵乾壕，往来称苦，

峭函古道上的函谷关，是中国十大险关之一，因关在谷中，深险如函而得名。函谷关历来为兵家必争之地，是曾经战马嘶鸣的古战场。有“一夫当关，万夫莫开”之名。

不啻走孟门太行间”。据《水经注》作者郦道元考证，战国秦晋崤之战，由孟明率领的秦军3万余人，就是在此关被晋军打了埋伏，全军覆没，3位统帅也做了晋国的俘虏。此地西为车壕村，东有石壕村，均是因古道石坂上留有深深车痕而名。唐代大诗人杜甫著名的《石壕吏》一诗，就是于石壕村夜宿，目睹“有吏夜抓人”而写下的感慨民众悲苦的诗篇。

函谷关，位于灵宝市北15千米处，是中国古代十大险关之一，因深险如函，故名为函谷关。函谷关为春秋时期秦孝公所建，关城东西之间有7.5千米，谷深50~70米，最窄处仅二三米，仅能容一车通行，西汉人隗嚣称其“泥丸可封”，郦道元曾这样描写函谷关：“邃岸天高，空谷幽深，涧道之狭，车不方轨，号曰天险。”函谷关“双峰高耸大河旁，自古函谷一战场”。据统计，3000余年间，有典籍记载的战争就有200多次。

这里不仅是崤函古道的军事天险，而且还是我国道教文化的发祥地。“紫气东来”的故事，就发生在这里。当年，函关关令伊喜善观天象，一天早上，他发现东方有紫云呈现，算出将有圣人来临。果真，老子李耳骑着青牛来到关下，要求出关。伊喜说，出关可以，但是有一个条件，那就是你要给我留下一篇大作。老子初时不肯，可经不住伊喜再三软磨，只好答应。但见他提笔而书，洋洋 5000 字大作迅即出炉，这就是千古名篇《道德经》。老子及其“道可道，非常道；名可名，非常名”所演绎的哲理思想，成为我国三大教派之一，是道教的开山鼻祖。

潼关，位于陕西省潼关县，因临潼水而得名。潼关建于一片塬地之上，此塬地势险要，从秦岭下来的冲沟共有 7 道，前 5 道沟水于东南方向汇合，行经灵宝后注入黄河，称之为远望沟，后 2 道沟于苏家村汇合后称之为禁沟（亦称金沟）注入渭河。两条大沟与塬面的高差都在 200 米之上，关城周长 5 千米，北临渭河，南依秦岭，凭据着禁沟天险抵御东犯来敌；为了军事需要，沿禁沟还筑有方台堡垒 12 座，称为十二连台，形成易守难攻之势。杜甫来此游历，曾叹云：“丈夫视要处，窄狭容单车。艰难奋长戟，万古用一夫。”

潼关的建造晚于函谷关，约建于东汉末年，作为关中东大门，经历过大小数十次战役，有记载的如曹操大战马超、安禄山用反间计攻占潼关，此后，唐宋金元明清时期，得关中者，必先取潼关；解放战争时期，陈谢兵团从潼关北的风陵渡抢渡黄河，攻占潼关，开辟豫陕鄂根据地，策应刘邓大军在中原地区进行战略大反攻。

需要说明的是，这些关隘的位置，并不是一成不变的，在漫长的历史岁月和战争炮火的摧残下，这些关城历经变迁，如函谷关，汉代时甚至曾迁至洛阳西边的新安县。

崤函古道的大部，与现代交通线相齐，310国道、连霍高速公路、陇海铁路、郑西高铁线等与之并肩而行，大多得以拓宽利用，另有部分古道及险关，因地势偏远没有因现代交通建设毁坏而保留，目前，作为丝绸之路的一部分有幸入选了世界文化遗产申报名单。

3. 人门、神门、鬼门

黄河三门峡是穿行于中条山和崤山之间的大峡谷中的一段。这里两山对峙、山崖陡峭，河床中并排伫立着2座

三门峡大坝建设前坝址原貌。前景是两岛三门，如今的三门峡大坝就坐落在两岛的横轴线上。下游三座石柱，左边两座与大坝连为一体，右边的即为砥柱石。中流砥柱的成语即由此而产生。

小岛，把浊浪排空的河水一分为三，河水好似从 3 道门中飞流穿过。古代船工们根据舟行 3 道洪流中的不同险况，把这 2 岛 3 门形成的激流从左至右分别称为“人门”“神门”“鬼门”。这神奇的 3 门，相传是大禹劈山而成。远古时期，西来的黄河被三门峡一带高山阻挡，形成滔天洪水，泛滥于关中平原。大禹治水行经此地，高举神斧劈开大山，形成三门之势。

据研究黄河的地学家考证，在地质时代，黄河尚没有全线贯通的时期，三门峡一带为三门湖盆，黄河只是在 10 万年前，才全线贯通，水通东海。那么，从现代地质角度来说，是不是湖盆中亿万年的沉积与冲刷痕迹，给了古人这份关于大禹劈山治水的想象呢?

在两岛的下游 400 米处，还有 3 座河心岛，这 3 座石岛也各有名称，还有与之相对应的历史传说，3 座岛自左至右分别名为张公岛、梳妆台和砥柱石。特别是砥柱石，

那些破旧而简易的船只，或许也经历过黄河的惊涛骇浪，但如今，用这样没有任何安全措施的小船渡河，为求生存的同时也是在拿生命作赌注。

位于峡谷河床中心，无论什么样的惊涛骇浪，它自岿然不动。中国成语有“中流砥柱”，就是由此石此景而来。唐太宗李世民曾临黄河，观此石慨然而叹：“仰临砥柱，北望龙门。茫茫禹迹，浩浩长春”。这四字短诗，可谓是对中流砥柱最为深情宏大的赞美了。

三门峡水利枢纽的兴建，坝址正好坐落在三门之上，因此，两岛被炸掉削平。其下游的张公岛、梳妆台和砥柱石仍在，述说着三门峡的前世今生。

4. 一座大坝一座城

一座水利枢纽兴起一座城市，三门峡最为典型。

三门峡大坝位于三门峡市区东北部约 14 千米处，大坝为钢筋混凝土铸就，坝高 106 米，坝长达到 713.2 米，横亘在豫晋峡谷最窄处，将奔腾的河水拦腰截断。在秋冬季节，三门峡水库碧波万顷、倒影山色，然而，在春末夏至时节，却只有一道深深的河槽，水库空空如也。这是为什么呢？

这要从三门峡水库建设的争论说起。新中国成立后，为了征服黄河水害，让黄河造福人民，国家决定在第一个五年计划中开工建设三门峡水库。这一决定，引发了较大争议，部分专家以及当事一方陕西省对于修建三门峡持反对意见，他们认为，三门峡工程虽然能够解决黄河下游防洪问题，但是水库回水将导致渭河入黄河不畅，从而对富庶的关中平原带来不利影响。尽管如此，在当时的条件下，中国人民盼望实现“黄河清、天下宁”的理想与热情赢得了多数票。1957 年 4 月 13 日，工程正式开工，次日，《人民日报》还发表了激情洋溢的社论《大家都来支持三门峡》。在祖国四面八方的全力支持下，三门峡工程以高速、高效、

高质完成，仅仅 3 年多的时间，1960 年 9 月，三门峡主体工程完成，10 月，开始蓄水。一库碧水，映照了全国人民征服黄河、造福百姓的心愿。

然而，黄河的复杂性很快就显示出来。也就是这一年，黄河洪水泥沙骤然增加，似乎想给新生的大坝一个下马威，在一年半的时间内，库区内居然淤积泥沙 15.3 亿吨，到了 1964 年，淤积总量达到 47 亿吨。巨量的淤积，不仅使库容损失，而且，由于库尾水位抬高等原因，造成渭河防洪

形势紧张，进而威胁到西安和关中平原的防洪安全。

面对这样一种尴尬局面，时任国务院总理周恩来沉着冷静，他亲自主持三门峡工程的讨论会，在会上提出一系列今天来看仍然具有全局性、前瞻性的指导意见。根据多次讨论的意见，三门峡大坝得以保留并进行了大改建，1973 年，三门峡水库的运用方式从以前的“蓄水拦沙”改为“蓄清排浑”。也就是说，运用初期，三门峡水库是把上游所有来水来沙都拦在大坝内，此后，只拦蓄秋冬季节相对的清水，对

三门峡人坝横亘在豫晋峡谷的最窄处，将奔腾的黄河水拦腰截断。这个建设初期曾经受过争议的大坝，如今经过不断的改建，造福黄河两岸的人民“黄河安澜，国泰民安”的大红字清晰可见。如今的三门峡大坝还是天鹅中途的栖息地，也为其赢得了“天鹅之城”的美誉。

于夏季洪水泥沙，除非特殊情况，就让它穿堂而过。用这样的方式，既保证了上游的稳定，也控制了桀骜不驯的洪水，并且还发挥了大坝防洪、发电、供水、灌溉等综合效用。

三门峡是新中国成立后治理黄河的一次重大实践，有成功的经验，也有失败的教训。正是因为有三门峡的实践，才有此后黄河小浪底的建设和调水调沙运用。专家们说，包括三峡大坝的建设，都汲取了三门峡工程的实践内容，达到了在多泥沙河流中建造水库并成功运用的目的。

如今的三门峡大坝，巍然屹立于豫西峡谷之中，尤为可

观的是，它的上上下下形成了大片的湿地，在西伯利亚至南半球之间进行迁徙的大鸟——天鹅，看上了这片神奇的土地，把这里作为它们中途栖息之地，隆冬季节、天寒地冻时，库区两岸的天空中时时有高亢的鸣叫，一队队排着整齐队形的天鹅在山间、水面、冰上划过，那高贵、典雅的身姿，吸引了全国各地摄影爱好者们不辞劳苦地来到这里。三门峡由此还获得一个意外的响亮名字——天鹅之城。

当你来体验古道的艰辛、关隘的硝烟时，带上你的相机，留下天鹅引颈高亢的身姿吧。

龙门石窟中规模最大、最为绚丽辉煌的是奉先寺。这座巨大的石雕佛龛是由9尊雕像即一佛、二弟子、二菩萨、二天王、二力士组成，沿崖壁一字铺开。卢舍那佛居中而坐，通高17.14米，是龙门石窟造像中最为高大者。

【卷六】

河洛回环蕴初祖

洛河古称『雒水』，发源于陕西省蓝田秦岭深处，全长450余千米，在河南洛阳东北方向纳伊河后共同汇入黄河。沁河发源于山西省沁源县太岳山东麓，行程495千米，于河南省武陟县汇入黄河。这是黄河在将冲出豫西大峡谷时分别接纳的两大支流，右岸的是洛河，左岸的为沁河。

黄河在这一带形成波澜壮阔的景象，开始了它的平原之旅。

一、中华文化之根

“河出图、洛出书，圣人则之”。传说，三皇五帝之首的伏羲氏在河洛交汇处观天察地，创立八卦，并且变革婚俗、驯养牲畜、草创文字、发明琴瑟，被人们奉为人文初祖，开创了华夏民族从旧石器向新石器过渡期丰富斑斓的文明。

1. 伏羲画卦河洛处

河南省巩义市东北方向大约 10 千米处，有个河洛镇，在该镇洛口村东黄河南岸山岭上有一平台，颇为有名，那就是伏羲台。伏羲台呈椭圆形，东西长 150 米，南北宽 100 米，相传是伏羲氏当年画八卦的地方。台东面有一个 15 平方米左右的洼地，称为“羲皇池”，传说是伏羲氏画八卦着墨的地方。

伏羲台前广阔的河面，曾是河洛交汇处，是著名的“河图”“周易八卦”的发源地。黄河浊，洛水清，其交汇处，清浊异流，形成阴阳二极漩涡现象。传说，伏羲氏在此观察到这一现象，受到启发，“仰则观象于天，俯则观法于地，近参乎身，远取诸物，明阴阳，洞天机”，从天地万物的变化中感悟出大自然与生物间的道理，并结合河图，创制了八卦，“以通神明之德，以类万物之情”，开创了华夏文化的源头。此后，文王拘而演《周易》，孔子厄而作《春秋》，把中国文化引向广阔无边的境界。

伏羲墓，被誉为天下第一陵，位于河南省巩义市。伏羲传说是中华民族的人文始祖，是占卜八卦的始创者。历史典籍中记载过伏羲为后世所做的贡献，同时也留下了大量关于伏羲的神话传说。

这里北临黄河，南依邙山，东据虎牢，西望洛川，气候温和，土地肥沃，交通便利。大约在 1.5 万年前，我们的先人在这里开始由旧石器时代向新石器时代的过渡，20 世纪初在洛阳西渑池境内发掘的仰韶文化遗址，正是这一时期文化的代表。据考证，伏羲氏其实就是这一时期的大部落首领。如果说炎黄二帝是华夏族的先祖，那么，伏羲

氏是公认的我国华夏、东夷、苗蛮各族的共同祖先。

伏羲氏是一个有智慧的人，善于发现与总结。除了创立八卦的杰出贡献外，历史学家根据古代著作，还概括了伏羲氏的几大贡献：一是变革群婚婚俗，实行族外婚，结束了子嗣只知其母不知其父的原始状态，提高了种群后嗣的身体素质；二是学会结网捕鱼、驯养家畜，提高了劳动生产力；三是创造基本文字、发明琴瑟，文化的曙光开始显现；四是任命官员治理地方，开社会治理的先河。

伫立伏羲台上，极目四望，视野极佳。四下俱静，不由的思绪开始追溯远古，炎帝尝百草、黄帝修潭沉璧、尧舜禹举行禅让大典、夏启建立国家级王朝、太康迁都斟郡、商汤桑林祷雨等重大历史事件都发生在这里……观黄河奔流，思历史悠远，让人不禁感叹沧海桑田的变迁。

2. 河图洛书圣人则之

带着对易学起源的崇拜与好奇，我们寻访了有 1600 多年历史的龙马负图寺。

龙马负图寺位于孟津县雷河村。古代，雷河于此处汇入黄河，相传有龙马出于此河。据专家分析，龙马大概为龙形之马（也许是灭绝的马的一种），马背上有点绘之图。伏羲氏依照马背上的图纹画出了八卦，即乾、兑、离、震、巽、坎、艮、坤，这就是八卦的由来。后人据此将雷河村奉为伏羲氏的祭祀之地，并且建造了规模宏伟的龙马负图寺。

河图洛书，被称为中华文化的源头。关于河图洛书的记载与解释，不胜枚举。《易经·系辞上传》中“河出图，洛出书，圣人则之”，大意是说，河出图，伏羲以此推出世间道理；洛出书，大禹据此平定洪水、制定法度；圣明的人是能够根据天理总结出规律性理论的。《礼记·礼运》有“天隆甘露，地出醴泉，山出器车，河出马图，凤凰麒麟，皆在郊棷”，认为皆为顺吉祥瑞之态。《论语·子罕》道：“凤鸟不至，河不出图，洛不出书，吾已矣夫！”孔子更是感慨，如果没有河图洛书出现，“我”早已湮没了，广而扩之，其深意是没有河图洛书，就没有中华民族之今天。这些，足以表明河图洛书蕴涵智慧之深邃、内涵之丰富，令后人取之不尽用之不竭。

图中石碑刻有“洛出书处”的字样，这里是河洛文化之源，洛书的诞生地，是中华民族文化的发祥地之一。洛出书处位于河南洛宁长水，这里山清水秀，茂林修竹，值得游览。

龙马负图寺，初名“浮图寺”，始建于晋怀帝四年，是为感念人文之祖伏羲氏的功绩，在雷河故道上建起

的第一座祭礼场所。该寺北临黄河，南依邙山，寺前紧邻雷河故道。寺院规模宏大，寺内香火鼎盛，清代河南府尹张汉游此寺留诗云：“性癖耽奇古，重游河水隈。行过负图里，接近读书台。七月初阳发，先天一画开。归时夸父老，亲见伏羲来。”

该寺为三进院落结构：一进为山门，鼓钟楼，但见山门峻拔巍峨，两侧分立“图河故道”“龙马负图处”两通巨碑；二进为伏羲、文王、孔子 3 位与“易”有关的三圣殿；三进为正殿——三皇殿，重檐庑殿顶结构，殿高 21 米，宽 30 米，殿内伏羲像居中，炎黄二帝塑像分列左右。三皇殿顶部极具特色，是据《易经》“观天象于天”之语而构思。衬底为天蓝色，中有伏羲六十四卦方位图，卦象黑白相间，中为金色北斗七星图，斗柄回转，寓指四季。

寺内现存最为珍贵的应属石刻石雕。寺内存有宋、明、清历代著名学者程颐、朱熹、邵雍、王铎等人撰述的碑铭诗赋，这些碑刻对研究《易经》和书法艺术都有重要价值。

3. 济水之源

结束了河洛交汇之旅，下一站我们可以跨过黄河，拜会一下济水之源。这是一座因济水发源处而得名的古城，有一座古代皇帝祭祀江河的重要场所——济渎庙，在这里，我们可以探寻古济水为我们留下的点点滴滴。

古代社会，祭祀是朝廷的头等要事。据《礼记·王制》记载，古代天子所祭天下名山大川，即五岳四渎。“五岳”，指东岳泰山、西岳华山、中岳嵩山、北岳恒山和南岳衡山。“渎”者，独也，是指我国古代独立入海的大河。“四渎”，即“江、河、淮、济”。前 3 条河流对华夏民族繁衍生息和中华文明源远流长的重要性，不言而喻。那么，这个济水在哪里，古代帝王为什么要如此重视祭祀这条河流呢？

《现代汉语词典》阐释道：“济水，古水名，发源于今河南，流经山东入渤海。现在黄河下游的河道就是原来济水的河道。今河南济源，山东济南、济宁、济阳，都从济水得名。”

此词条表明，一是黄河并不走现行河道，二是袭夺了济水的河道。黄河与济水的关系，至今仍是地质与河流研究之谜。

众所周知，黄河左岸在河南焦作一带离开峡谷，右岸仍然沿北邙山东行，经郑州、开封、菏泽、济南、滨洲等地，在东营注入渤海。其实，这条河路，很早以前是济水的河道，所以，在黄河岸边，才有济之南、济之阳、济之宁等城市。而远古黄河，出峡谷后，开始偏左向北而行。据史书记载，较早称为“禹河故道”的黄河一直到金代，大致沿武陟、新乡、安阳而行，在天津附近入海。显然，从当代的地质地形状态来看，济水与黄河形成了一个交叉路径。那么，济水是如何穿过黄河的？黄河又是如何相容济水的？有人猜测，济水是从黄河之下穿过的，也有人考证，济水直接从黄河河道中相叠而过并保持了清流。但是直到今天，人们仍然没有真正搞明白古代这两条河交互重叠之谜。至少在唐代，人们已经知道这一现象，唐代诗人白居易临济水，有感而作，诗云：“自今称一字，高洁与谁求；唯独是清济，万古同悠悠。”中国古代通常把品德高尚、不慕荣华的知识分子称为“清流”，就是受济水的启发。

关于济水，唐代还有这样一则典故。唐太宗李世民曾问大臣许敬宗：“天下洪流巨谷不载祀典，济水甚细而尊四渎，何也？”许敬宗答曰：“渎之为言独也，不因余水独能赴海也，济潜流屡绝，状虽微细，独而尊也。”济水虽然细微，却能独流入海、独保清流，这种不达于海誓不罢休的顽强精神和保持清流不混于浊污的人文品格，应该就是它始终位列四渎的原因。

祭祀之风，古来有之。在以农业为主的社会中，生产力低下，人们面对一些无法解释的自然现象，便相信是神灵的旨意，更将秀美的名山大川想象为神灵居住的地方。长江、黄河的源头尚不清楚在哪里，淮河之源相对又比较遥远，而济水因距古都最近，其又操持清流名声，因此，对济水的祭祀也最隆重、频繁。

据史书载，自隋起，但凡遇到如战争、政权更迭、祈雨甚或皇室成员生死的国家大事，历代皇帝都要遣使举行盛大祭典活动。

济渎庙位于济源市区西北部一条幽静的小街，它坐北朝南，总体布局呈“甲”字形，总面积8万多平方米，现存古建筑72间，为河南省现存规模最大的古建筑群之一。济渎庙山门巍峨，称为清源洞府门，这一名称是有典故的。历史上，长江被封为广源公，黄河被封为灵源公，淮河被封为长源公，济水被封为清源公。所以祭祀济水之神的地方又叫清源洞府，它的第一道门就叫清源洞府门。可不要小看了这座山门，它是河南省现存规模最大的明代木结构牌楼建筑。过了山门，是一条专供代表皇帝祭祀的钦差大臣所走的御道。

御道的尽头，便是渊德门，其后，济渎庙曾经的主殿——渊德大殿，已经消失在历史的烟尘中，只给后人留下了斑驳的柱基。清同治年间，张宗禹所部捻军一度占领了济渎庙。他们用充满仇恨的一把大火，烧毁了雄伟、壮观的渊德大殿。

渊德大殿虽然被毁，济水神的寝宫却留了下来。这座建于北宋开宝年间的寝宫是河南省现存年代最久远的古建筑，也是河南省现存的两座宋代单体木结构建筑之一（另一座是少林寺后的初祖庵大殿）。

寝宫后面的龙亭，仿佛一位历经沧桑的老人，也像一座建筑历史的展示台。它的柱础是宋代的，柱子是元代的，而顶部为明代重修，一个小亭涵盖了几个朝代的建筑风格。

龙亭之北，是一池清水，这就是济之源。清澈、宁静，你也许想象不到它是一条独立入海的河流，想象不到它能够交汇浊流而清澈不减，想象不到它已经成就了黄河的今天，它的清澈与静谧，依旧在映照着来观看它的所有人。

4. 雍正皇帝治水行宫——嘉应观

出了武陟县城，往东南走 13 千米的乡野中，有一座始建于雍正元年（1723 年）的敕建嘉应观。这是雍正皇帝为封赏历代治河功臣而修建的龙王庙，它集宫、庙、衙为一体，共同祭祀黄淮诸河神。除敕建的荣耀外，嘉应观还是我国唯一一座记录治黄史的庙观。

历史上，黄河下游的温县、武陟一带洪水灾害频繁，仅康熙六十年至雍正元年的 3 年间， 黄河就在武陟詹店、马营、魏庄、秦厂 4 地决口，创下黄河决口处最多的纪录。为治河安邦，雍正皇帝派河道总督率众堵口，并亲临武陟河防筑坝。在堵口成功后，雍正帝特下诏敕令一位叫齐苏勒的河臣率 5 省民工，历时四载，耗资 288 万两白银，敕建嘉应观，以此在武陟封赏治河功臣。

嘉应观有黄河故宫之称，处处留有雍正帝的痕迹。前殿，悬挂着雍正帝御书的嘉应观匾额，“嘉”是美好祥瑞之意；

嘉应观，始建于雍正元年。这里是雍正帝为嘉奖治河功臣而建的，如今，嘉应观也是我国唯一一座记录治黄史的庙观。鲜艳的色彩装饰，两侧分别屹立着一座石狮，如此大气的外观，不愧有“黄河故宫”之称。

“应”为天意报应。“嘉应”二字寓意着从古到今炎黄子孙对黄河安澜的向往。

迈入嘉应观，迎面就是一顶状如官帽的御碑亭，亭前一副楹联：“河涨河落维系皇冠顶戴，民心泰否关乎大清江山”。此联为雍正皇帝所拟，一语道中黄河安澜、民心向背与国家政权的重大关系，令人读之颔首称是。楹联为当代满族书法家启骧所书，书法风格与启功类似，笔力瘦俊挺拔，可谓与文意相辅相成。

御碑亭内耸立着高 4.3 米、宽 0.95 米、厚 0.24 米的铁胎铜面的御制大铜碑。这是嘉应观的镇观之宝，碑文是雍正皇帝亲自撰写的对当年黄河决口时的详细记录，如今已成为最珍贵的文献资料。

嘉应观有三绝，这铜碑才是一绝，另外两绝，是钟楼上的八音钟和观中的中大殿。

钟楼上的八音钟为铜铸，之所以称为八音钟，是因为沿着钟周围按照 8 个方位铸着八卦图，用棒击，每个方位的音阶都不相同，清越、悠扬。其中缘由，至今尚未能解。

嘉应观的中大殿，为重檐歇山回廊式建筑，殿内藻井彩绘 65 幅龙凤图，为纯满风格，殿内正中立有“钦赐润毓”金牌。大殿令人称奇的是，建成至今殿内不见蛛网，不粘灰尘，鸟虫不进。更是相传殿内藏有“避尘珠”，可到今日也没有发现。

嘉应观中还有一个值得一看的建筑样板——禹王阁的齐缝墙，一般的砖瓦建筑，墙体都是砖与砖相互咬茬，而禹王阁的后檐墙互不衔接，独自向上。关于齐缝墙，当地流传着这样一个传说，雍正皇帝敕令建造纪念大禹的宫殿，下旨挑选工匠。武陟县在数百个能工巧匠中推举了谢旗营的王氏三兄弟，老大垒东山墙，老二垒西山墙，老三垒后檐墙，兄弟 3 人各调各的线，各砌各的墙，工程完工后，监工发现 3 堵墙互不衔接，容易倒塌，认为三兄弟竟然抗旨、蔑视禹王，于是将三兄弟打入死牢。兄弟 3 人在狱中向皇帝申冤说，我们不是对禹王不忠，而是认为地壳有软有硬，一旦发生地震，这样的建筑方式可以起到防震作用。

果真如兄弟们所言，200 多年过去了，嘉应观经历了 3 次大的地震，仍巍然屹立，有专家认为，这种“齐缝墙”实际上是现代建筑概念中的“沉降收缩缝”，的确具有防震作用。

岁月悠悠近 300 年，嘉应观早已褪去了昔日的繁盛，却依然耸立，时刻保佑和记录着黄河的岁岁安澜。

二、扇形顶角

据史料研究，黄河自周定王五年（公元前 602 年）到 1938 年，2500 余年间共发生大的改道有 25 次之多，以郑州西的桃花峪为顶角，北到京津、南达江淮，在约 25 万平方千米的扇形平原上，几乎到处都有它桀骜不驯的身影。

黄河决口泛溢，既带来了洪水灾难，其泥沙也造就了华北大平原，为中华民族的生存发展带来巨大空间。

1. 花园口

郑州花园口，举世闻名。如果在郑州找人问花园口怎么走，知道的人会这样告诉你，“沿花园路一直向北，当你看到黄河的时候，你脚下站的地方就是花园口”。不同人眼中的花园口有着不同的含义。对于当地人来说，花园口是一个村庄，也是一个新兴的小镇；对于水利工作者来说，

花园口是黄河大堤上 11.6 千米长的一段堤防；而在史学家和人文学者眼里，花园口的内涵则更加丰富。

“花园口”名称出于明朝。明朝嘉靖年间，举人许某任工部主事，管理黄河，负责筑堤防汛。他曾在附近购置并修建了一座 36 公顷的大花园，园内种植四季花木，奇株异葩、姹紫嫣红。毗邻花园，有个黄河渡口，人称花园口。可惜这个花园在清康熙三十五年（1696 年）前后因

1938 年的“花园口决堤事件”令花园口这个名字震惊中外。如今的花园口是人们观河览胜、假日休闲的旅游胜地。图中的花园口镇河铁牛，面河而立，浑身乌黑、双目炯炯、独角朝天，是古代治水文化的一种象征。

黄河南侵塌入河床中。

“花园口”这个名字震惊中外是 20 世纪前半叶的一次历史大事件。1938 年，国民党政府为阻止日军西犯，不计后果，以水代兵，下令在花园渡口西侧炸开黄河大堤，造成平汉铁路以东地区洪水泛滥，使豫、皖、苏 3 省 44 县蒙受水患，人员伤亡惨重，史称“花园口决堤事件”。黄河改道历时 8 年零 9 个月，虽然在抗日战争中起到了延

缓日军西进速度的目的，但是同时给豫、苏、皖3省百姓带来了深重的灾难。

当年许家花园是不是真的繁花似锦我们已经不得而知，不过如今的花园口确实是绿树葱茏、花团锦簇，成为郑州观河览胜、假日休闲的好去处。沿着花园口黄河大堤一路驶去，颇有几处值得驻足的地方。

从郑州花园路直上花园口大堤，正对大堤的中心地段。这里有处最佳观景点，名为将军坝。这是万里黄河上坚固无双的一个大坝，始建于清乾隆八年（1743年），后不断加固，距今已有260年的历史，据了解，它的基石在河床下达25米之深，可想其坚固抗冲的程度。站在这里，脚下连绵不绝的黄河大堤如水上长城般巍峨壮观，北望，黄河公路大桥如一条玉带系在母亲河上；南望，其守护的省城郑州，日新月异，成为中原崛起的重要城市。

将军坝西侧有一座铁犀牛，铁犀高约两米，坐南朝北，面河而立，它浑身乌黑，双目炯炯、独角朝天。镇河铁犀也叫镇河铁牛、独角兽，是古代治水文化的一种象征。据记载，之所以用铁犀镇水，有两种解释：一是“铁者金也，为水之母，子不敢与母斗”；另一种说法解释道：“犀为神牛，牛能耕田，属坤兽，坤在五行中为土，土能克水”。别看花园口的这头镇河铁犀色泽陈旧，看上去像个古物，其实是个高仿铁犀。而原本的铁犀出土于开封东北郊的铁牛村，是明朝政治家于谦在开封治河时所铸，已经有600多年的历史了。明洪武二十年（1387年）和永乐八年（1410年），黄河在开封两次决口。危难之际，于谦受命任河南巡抚，只身到开封上任。于谦履任后，体察民情，重视河防，在修葺黄河大堤与开封护城堤的同时，亲自撰写了《镇河铁犀铭》刻在犀背，将其安放在黄河岸边新建成的回龙庙中。置放铁犀的铁牛村后来又经历了两次洪水，回龙庙被大水夷为平地，但铁犀始终没有被冲走。1940 年，侵华日军将铁犀掠至开封城，想把铁犀熔化后制造军火。铁牛村村民奋力抗争，最终设法把铁犀保护了起来，使得今天的人们能够一睹其风采。

花园口向东约 800 米，是 1938 年决口之处，目前成为人们纪念往事的地方，称作花园口记事广场。这里有 1946 年当时国民政府所立的“民国堵口合龙纪事碑”和 1997 年河南省人民政府、水利部黄河水利委员会所树立的“黄河花园口决堤堵口记事碑”，两座六角的琉璃瓦亭隔广场相向而立，亭内各有六面柱体石碑一座。广场南面是反映这一历史事件的大型浮雕石墙。浮雕墙全长 100 余米，共分 8 个部分，从日寇大肆侵华、国军决堤扒口阻日、洪水泛滥成灾、灾民流离失所、生态灾难严重、国共两党堵口会谈到堵口复堤工程艰巨、黄河归故向东。今天，凡到这里参观的人们都可以重温一幅幅客观、翔实的历史画卷。

2. 洹水之滨甲骨文

文字改变了远古时期人类靠口口相传传授经验的局限，推动了人类文明的进步，《淮南子・本经》中记载：“昔者仓颉作书，而天雨粟，鬼夜哭。”可见，文字的出现，在人类认识把握自然、推动自身发展中的重要作用。史学界据文字的出现与否将人类文明划分为史前文明和文明，就是这个道理。

汉字，是目前我们所能知晓的最古老而且仍然在用的文字，汉字的源头在甲骨文。

位于河南省最北部的城市——安阳，不容小觑，它不

甲骨文是中国目前已发现的古文字中时代最早、体系较为完整的文字，现代汉字即是由其演变而来。在龟甲、兽骨上契刻的甲骨文，是历史的刀痕，对中国上古史和古文字学等领域的深入研究具有极其重要的意义。

仅是中国八大古都之一，而且还是甲骨文和易经的故乡，当属中华文明的重要发祥地之一。其地处南北交通要冲，东接齐鲁，西倚太行，北濒幽燕，南望中原，自然环境优越，自古人杰地灵，历史文化积淀深厚，被誉为“文字之根、文化之根、人祖之根”。

想要了解甲骨文，究其根源，先得去甲骨文出土的地方。郭沫若曾写诗赞誉道，“洹水安阳名不虚，三千年前是帝都”。洹水在历史上可是个有名的地方。这里是中国历史上第一个有文献记载并为甲骨文和考古发掘所证实的商王朝都城遗址，史称殷墟，距今已有 3300 余年的历史。殷墟规模巨大，长约 6 千米，宽约 5 千米，总面积约 24 平方千米。1987 年，在殷墟宫殿区遗址上建起了殷墟博物苑，供人参观游览和研究历史。

站在殷墟博物苑的门前，听着导游的讲解，你会感叹于设计者的苦心孤诣。殷墟博物院大门是根据甲骨文的“门”字设计的，整扇大门就是由 3 个甲骨文象形文字“门”组成。门柱上的纹饰根据青铜器上的浮雕图案设计雕刻而成，大门两侧的两个金黄色浮雕图案，则是根据妇好墓中出土的龙形玉玦放大仿制而成。

进了大门，就是殷墟广场。首先映入眼帘的是出土于此、有着镇国之宝之称的司母戊鼎（学界也称后母戊鼎），它是至今世界上发现的最大的青铜器，代表了中国古代青铜文化的最高水平。司母戊鼎原件现藏中国国家博物馆，广场上伫立的是比原件放大了 1 倍的复制品。

从司母戊鼎左拐直走，就是历史书上赫赫有名的妇好墓。妇好是商王武丁 60 多位妻室中的一位，生活于公元前 12 世纪前半叶武丁重整商王朝时期，据甲骨文记载，妇好能征善战，屡立战功。1 尊高约 3.5 米汉白玉妇好塑像，再现了妇好生前的英姿和风采。妇好墓随葬品极为丰富，其中出土青铜器 468 件，玉器 755 件，每一件都称得上巧夺天工。

与妇好墓相对应的地方是一座酷似甲骨文的“洹”字

图为 1939 年洹水安阳出土的，有着“镇国之宝”之称的司母戊鼎，是至今为止世界上发现的最大的青铜器。现收藏于中国国家博物馆。

的建筑物，这就是殷墟博物馆。这是目前国内唯一一家专业、系统展示商代文物的博物馆。博物馆内展出了 1949 年以来在殷墟发掘出土的一系列文物精品，包括众多陶器、青铜器、玉器及甲骨文等国宝级文物。

过了殷墟广场，沿主干道走，就能看到中国最早的车马遗迹——殷墟车马坑展厅。展示的多座车马坑以及道路遗存，是我国古代道路交通的基本雏形。畜力车是古代先民陆上最重要的交通工具，殷墟考古发现的畜力车是最早的实物标本。

车马坑展厅向右走，不远处，终于看到此行所要寻找的中国古老文字荟萃处——甲骨碑林。碑林将甲骨文按原片放大镌刻在石碑上，背面有与其相对应的释文，共 30 块，内容涉及殷王朝社会政治、军事、农业、天象、历法、生育、疾病、吉凶梦幻、鬼神崇拜、田猎、贡纳和祭祀等多方面。

到目前为止，殷墟出土的有字甲骨已经超过 10 万片，大约有 4500 个单字。甲骨占卜起源于原始宗教信仰范畴中的“前兆迷信”，原始人类在与自然界交往及生存活动中，往往把一些毫无因果联系的事象的偶合，视为鬼神所示征兆，久而久之，产生了利用占具作为中介，进行人与鬼神之间意识的沟通，用以预测未来吉凶祸福。占卜过程大约是这样的，用整治后的龟甲或兽骨加以烧灼，观察所形成裂痕的形状，判断吉凶。出土的殷商时代的甲骨上常刻有文字，绝大多数都与占卜问疑有关，研究者称之为卜辞。卜辞是王朝卜官（也称贞人）灼龟命卜以后，在甲骨上刻记下有关卜问的内容。一条完整的卜辞，包括叙辞、命辞、占辞、验辞四部分。叙辞又称前辞，即占卜的时间和贞人；命辞又称贞辞，即此次卜问的内容；占辞即商王看了卜兆后所下的判断；验辞即卜问以后，过一段时间，所卜之事有了结果，再由卜人刻写在有关卜辞之后的记载。由于这

一过程如此完整，对于今人研究商代的社会历史，有了史书般的资料。

余秋雨游览殷墟后曾感叹道：“无论在世界上哪一个博物馆，都会看到安阳出土的文物；如果说中华文明是一本厚重的大书，第一页永远是安阳，它不仅仅是属于一个地方，而是属于整个民族、属于整个人类，因为文化的遗产是属于全人类的。”

殷墟是黄河流经华北大平原以厚重的泥沙为人类沉淀的最为灿烂的瑰宝之一。

上图：1972 年河南郑州大河村遗址出土的彩陶双连壶，是发掘出土的唯一单件国宝酒器，现藏于河南博物院。两壶腹部相连处有一圆孔相通，两侧各有一耳把，壶身的彩绘线条古朴流畅，是新石器时代仰韶文化的象征。

下图：汝州出土的生殖彩绘缸。圆腹平底、泥质材料、彩绘简易，是仰韶文化的象征。

【卷七】 地上悬河向东流

以河南郑州桃花峪为界，黄河进入下游段。黄河从这里开始，最显著的特点是地上悬河，自此以下共768千米的黄河河床高悬于黄淮海平原之上，并且成为淮河、海河两大水系的分水岭。悬河是黄土高原大量泥沙不断下泄淤积的结果。悬河之势，既有自流引水方便灌溉的一面，也有洪水易泛滥成灾千古忧患的一面。

自古以来，治理黄河下游是历代政权的基础事业。『黄河宁、天下平』，守住这道悬河，就守住了天下。

一、观瀑盛宴

自然的瀑布，在哪条河流都经常看到，但是，人工瀑布、多彩的瀑布，只有黄河小浪底，才创造了这个奇观。

1. 人人称道小浪底

小浪底，本是河南省洛阳市孟津县黄河边上的一个小村庄，因为一座水利枢纽的建设而闻名遐迩。

小浪底工程雄踞黄河最后一段峡谷的末端，北望太行，南逼邙岭，地跨河南洛阳、三门峡、济源三市，是黄河干流七大骨干水利枢纽之一，黄河治理开发的关键性控制工程。它可以控制黄河 92.3% 的流域面积、90% 的水量和近 100% 的泥沙，在控制洪水、调节泥沙方面作用突出。

小浪底工程最大的特点，就是从设计、施工到运用，其难度均达到世界水利工程之最。小浪底巨大的拦河大坝称为壤土斜心墙堆石坝。它的主体并非钢筋混凝土，而是利用当地壤土、石质为基本材料，一层层辗压形成的。如果能够切开它的剖面的话，你可以看到它呈梯形，梯形的底宽达到 864 米，而它的坝长才只有 1667 米。这样，作为水利枢纽的发电、泄洪、排沙等建筑物，与大坝是分离的，全部建造在大坝左岸的一个小山包里，据说，这个山包里面的各类洞子达 16 条之多，最大洞子的直径将近 15 米，

建设者们形象地把它比作“蜂窝煤”。

小浪底工程还是我国水利工程建设与国际接轨的一个范例。它利用了世界银行贷款，经过国际招标确定国际承包商，全面推行项目法人责任制、招标投标制、建设监理制，工程管理与国际惯例对接，引入了意大利、德国、法国等方面技术力量，期间 50 多个国家和地区 700 多名外国承包商、专家、工程技术人员参与其中，使当时的工地犹如一场万国会。

黄河末端著名的水利工程——小浪底。原本默默无闻的小村庄，如今却因一座水利枢纽而闻名遐迩。小浪底的最大特点就是从设计、施工到运用均达到了世界最高水平。图中的小浪底水利工程大气逶迤，造福黄河两岸。

2. 九龙腾飞

“九龙腾飞”是小浪底水库调水调沙应用时的形象描述。小浪底水利枢纽洞群密布，其中有 3 条泄洪洞、3 条排沙洞、3 条明流洞分为不同层面，组合而成 9 条主要泄洪排沙建筑物，在调水调沙期间形成水沙俱下的壮观情景，如同九龙升空。

每年夏季的 7 月 1 日，黄河进入主汛期。为了大坝安全，也为腾空库容迎接可能到来的上游洪水，进行有效的防洪

调度，小浪底水库就需要放弃多余的水量。放弃这个水量，既可以从春季逐渐放泄，也可以集中一段时间，大流量放泄。科学家们经过对历史上 300 多场洪水的分析发现，只要流量超过 2600 立方米每秒，对下游悬河的河床是能够起到冲刷作用的。也就是说，集中时间集中流量，就能够改变万古以来黄河下游悬河的局面。这种控制黄河水量，调节黄河沙量，使黄河河床下切的方法，称为“调水调沙”。

在下游麦收即将完成时，黄河防总一声令下，小浪底水库开始依次放水，九龙腾飞的场景开始出现啦！先

黄河小浪底实施调水调沙时，9 条主要泄洪排沙建筑物会形成如图所示的水沙俱下的壮观景象。人们将这一壮观景象形象地描绘成“九龙腾飞”，青、黄、白在空中交叠飞舞，以排山倒海之势，震耳欲聋之声向下游冲锋。

是浮于水库表面的清水，仿佛巨龙之首，从明流洞中飞出，昂首冲向天空；几天后，清水之下的水流挟带淤积的泥沙，分别从底层的排沙洞和泄洪洞中冲出，这数股水流则呈浑浊的黄色。青龙、白龙、黄龙在空中飞舞，相互交叠，相互激荡，其搅起的滔天巨浪，以排山倒海之形、摧枯拉朽之势，向下游悬河冲锋。其声轰鸣，如万马奔腾、如狂飙天落、如火山爆发，数里之外震耳欲聋；其势宏大，若钱塘之潮、如哈雷之星、如尼亚加拉之瀑，普天之内，人尽决眦。

这种九龙共舞的人工瀑布奇特景观，为黄河小浪底独有。小浪底观瀑节成为当地胜景之一。

小浪底水库的下游河道。大桥横跨河道之上，黄河在小浪底水库的下游河道已褪去了其原本的黄色，水流平稳，蔚蓝色的黄河水静静地流向远处。

二、汴梁之变

开封古称汴梁，位于黄河中下游平原东部，是一座“依河而兴，因河而衰”的千年古城。作为八大古都之一，它见证了中国历史的更迭和中华文明的源远流长。黄河的南北之变，迫使开封数次发生变化。

1. 开封城“城摞城”

北宋时期，开封达到极盛。作为朝都 汴京，它集中国政治、经济、军事、科技、文化、商业和城市中心于一身，也是当时世界上最繁华、面积最大、“八荒争凑，万国咸通”的国际大都市。《清明上河图》就是 800 年前开封都市生活和社会风貌的记录。

据历史记载，开封地区在五六千年前就有人类活动。夏朝曾在开封一带建都 232 年，史称老丘。 商朝曾在开封一带建都 27 年，史称嚣。 春秋时期有了“启封”之名。汉初因避汉景帝刘启之名讳，把启封改称“开封”。开封有历史记载的第一次建都始于公元前 361 年，战国时期的魏惠王迁都 大梁，长达 100 余年。此后，先后有梁、晋、汉、周、宋、金等王朝在此建都，因此开封被称为七朝古都。后来有人考证提出了“十朝古都”的说法，就是加上夏都老丘、金灭北宋后的伪齐都城汴京以及元末的韩宋都城汴梁。

开封的兴盛发展得益于黄河安流。然而，在黄河泛滥时期，这条大河又让开封苦不堪言，一次次荣华不再。秦始皇时进攻魏国就采取了以水攻城的方法，数月间，黄河水使天下名都大梁城趋于毁灭。明朝崇祯十五年(1642 年)，又是因为战争需要黄河被扒开，淹没全城 37 万人，有 34 万人葬身鱼腹。如今，在开封地下 3~12 米处，上下叠压着 6 座城池，其中包括 3 座国都、2 座省城及 1 座中原重镇，构成了“ 城摞城”的奇特景观。这 6 座城池分别是战国时期魏都大梁城、唐汴州城、北宋东京城、金汴京城、明开封城和清开封城，目前除大梁城外均已被考古学家探明。开封除“城摞城”之外，地下还有“墙摞墙”“路摞路”“门摞门”“马道摞马道”等遗存古迹。

如今，站在开封北约 10 千米处的柳园口黄河大堤上，既可感受悬河之势，又可遥想当年开封的“地下”奇观。

2. 陈桥兵变

陈桥，属河南新乡封丘县，现位于黄河北岸，与古都开封隔河相望。陈桥原来是一个名不见经传的小村庄，相传该村原有一小桥年久失修，有一陈姓人士捐资修建，于是，当地百姓便称之为陈桥。后周时期，官府在此设立驿站，始有陈桥驿，那时的陈桥在黄河之南，距开封不过数十里路程。公元 960 年，后周大将赵匡胤在陈桥发动兵变，黄袍加身，率军回汴京，迫使后周年仅 7 岁的少帝禅位，兵不血刃实现了改朝换代，取代后周，建大宋王朝。这一历史事件，使得陈桥名声大振，随着北宋王朝的兴盛而逐渐发达起来。

明朝时期，开封府“南有朱仙镇，北有陈桥镇”。至今，陈桥驿已成为当地的一处旅游景区。现存古建筑有前大殿、后大殿、东西厢房、山门等，赵匡胤当年黄袍加身时拴马的古槐已有 1000 多年树龄，被称为“系马槐”，是“陈桥兵变”的唯一见证。

3. 朱仙镇的年画

作为中国独特的民间艺术奇葩，朱仙镇木版年画源远流长，历史悠久。诞生于唐代，兴盛于宋明，距今已有 800 多年的历史。它与天津杨柳青、山东潍坊、江苏桃花坞年画并称中国四大年画。朱仙镇号称“中国木版年画之乡”。

朱仙镇木板年画之所以声名远扬，既与这一民间艺术的特色有关，也与古都开封的历史地位和繁盛有关。

鲁迅曾这样评价：“朱仙镇的木版年画很好，雕刻的线条粗健有力，和其他地方的不同，不是细巧雕琢。这些木刻很朴实，不涂脂粉，人物也没有媚态，颜色很浓重，有乡土味，具有北方木版年画的独有特色。”从

声名远扬的朱仙镇年画，是中国四大年画产地之一。河南朱仙镇年画与其他年画的不同之处在于它雕刻的线条粗健有力，木刻朴实，颜色浓重，独具特色。

内容看，朱仙镇年画有的以表现神祇为主，譬如门神，门神中以秦琼、尉迟敬德两位武将为主。有的是表现民间故事，取材民间传说、小说戏曲中的故事或人物。还有一些表现娃娃、仕女等内容的吉祥年画。

北宋时期，雕版印刷也发展很快。每逢过年，家家户户贴门神迎新春，民间和宫廷各类版画作坊兴盛，宋末，木版年画已成为河南开封朱仙镇的优势产业。后来北宋灭亡之后，开封遭遇战乱、洪水影响，木版年画也随之衰落。明朝之后，木板年画重新复兴，中心逐渐转移至朱仙镇。据记载，明清时期，朱仙镇木版年画作坊多达 300 多家。

朱仙镇位于开封城南 10 千米，是中国历史名镇，唐宋以来，作为开封唯一的水陆转运码头，通达繁荣，商贸兴盛。明朝末期，朱仙镇与广东的佛山镇、江西的景德镇、湖北的汉口镇，并称为我国四大商埠重镇。朱仙镇曾入选中国最美的村镇，2013 年媒体公布的全国 1100 个“美丽乡村”首批创建试点中，开封朱仙镇名列其中。

图中人们正忙于制作年画。木板年画如今已成为河南开封朱仙镇的优势产业，每逢过年，家家户户贴门神迎新春，朱仙镇木板年画作坊在明清时期尤为兴盛。

三、成也黄河

1. 黄河在这里拐弯——东坝头

东坝头位于黄河在下游兰考境内，由西东方向转东北方向 90° 大拐弯的南岸。1952 年 10 月 30 日，毛泽东曾乘车来到兰考东坝头，铜瓦厢河段察看黄河。

1855 年前的 300 年间，黄河行走于明清故道，南犯江淮，入黄海。1855 年，黄河在兰考县铜瓦厢决口，冲开北堤，改向东北行，经今长垣、濮阳、范县、台前入山东，夺山东大清河由利津入渤海，铜瓦厢的东坝头成为下游黄河的最南点。这就是现今的黄河。

此后的 1938 年，蒋介石命令扒开郑州花园口黄河大堤，致使黄河再次向南流，沿贾鲁河、颍河、涡河入淮河，造成洪水漫流，灾民遍野。直到 1947 年堵复花园口后，黄河才回归北道。

过了东坝头，黄河将出河南，跨入山东境内。

2. 梁山泊哪里寻

梁山泊地处黄河下游、汶水和济水汇聚地，古称泽国。它是以梁山为孤岛形成的巨大湖泊连体。由梁山、青龙山、凤凰山、龟山 4 主峰和虎头峰、雪山峰、郝山峰、小黄山等 7 支脉组成。《山东通志·疆域志》记载“梁山，本名良山，以梁孝王游猎于此得名。”

梁山泊的形成和逐渐湮没，均是黄河决口所致。据有关资料记载，从五代到北宋末，黄河频繁决口改道，滔滔黄河水在梁山脚下与古巨野泽连成一片，形成港汊纵横、山水交错的“八百里水泊”。《水浒传》里这样描写梁山泊：“山东济州管下一个水乡，地名梁山泊，纵横河港一千条，四下方圆八百里……山排巨浪，水接遥天……”由于黄河决口改道带来的泥沙淤积，使梁山泊周围逐渐变成平地。

山东东平湖是原“八百里梁山泊”的遗存水域。《水浒传》写道：“宛子城中藏虎豹，蓼儿洼内聚蛟龙”，蓼儿洼指的就是东平湖。东平湖古时称蓼儿洼、大野泽、巨野泽、梁山泊、安山湖，清朝咸丰年间定名为东平湖。东平湖东连大汶河，北通黄河，曾是漕运要枢，后起着调蓄黄河、汶河洪水，滞洪减灾的作用，目前又承担起我国南水北调东线调蓄水量重任。

东平湖中的小岛叫“土山岛”，在水浒传里叫“聚义岛”，是水浒英雄出没之地，传说“智取生辰纲”之后，晁盖、吴用、公孙胜、刘唐、阮氏三雄 7 个水浒头领为了躲避官府缉拿，便来到此岛寺院聚义。东平湖又有“小洞庭”之誉，历代文人墨客李白、韩愈、白居易、李商隐、辛弃疾等曾在此留下脍炙人口的诗篇。宋代文学家苏辙在夜过东平湖

梁山俯拍图。梁山位于山东省西南部梁山县境内，梁山境内景区星罗棋布，摩崖石刻、宋江马道、杏花村等历史韵味浓重。武术表演、斗鸡、斗羊等民间艺术表演各具特色。

时，为“小洞庭”景色所陶醉，写出了“更须月出波光净，卧听渔家荡桨声”的美好诗句。

3. 决眦而望——五岳之首

泰山，东临大海，西靠黄河，南有汶、泗、淮之水，雄踞于齐鲁平原之上，是黄河下游和山东省的最高峰。泰山以山体高大、主峰雄伟、气势非凡而著称。唐杜甫《望岳》中描写了泰山的雄伟及登临感受：“岱宗夫如何？齐鲁青

未了。造化钟神秀，阴阳割昏晓。荡胸生层云，决眦入归鸟。会当凌绝顶，一览众山小。”

泰山，也称“岱山、岱宗”，春秋时称“泰山”。其主峰玉皇顶海拔 1545 米，号称“五岳之首”，自古有“吞西华、压南衡、驾中嵩、轶北恒”之说。秦汉之后，泰山逐渐成为政权的象征。中国自古崇拜泰山，历朝历代一直

"会当凌绝顶，一览众山小"无疑是描写泰山最为贴切的一句诗。泰山号称"五岳之首"，是世界自然与文化双遗产。中国对泰山的崇拜从古代就开始，由古至今的传统也让泰山成为中华民族精神的象征。

有道泰山封禅和祭祀的传统。据记载，先秦时期有 72 代君主到泰山封禅，自秦汉至明清历代皇帝 27 次到泰山封禅。"泰"字原意高大、通畅，后引申为"大而稳，稳而安"，因此有"稳如泰山""国泰民安"之说。

泰山是世界自然与文化双遗产。泰山所在地区是黄河流域古代文化的发祥地之一，山南北分布有大汶口文化遗址、龙山文化遗址，反映出早期黄河流域氏族部落的活动状况。泰山上现分布着孔子登临处、孔子小天下处、孔子庙等与孔子文化活动有关的景点，昭示着泰山文化的源远流长、博大精深。现今仍存有战国时期齐国沿泰山山脉直达黄海边修筑的500千米长城。

在晴朗天气条件下，登临泰山山顶向北远眺黄河，可以看到大河滔滔，宛如金带东注。泰山北侧短小河流直接汇入黄河。源于泰山之东的大汶河绕山体南麓西行，在泰山东端分流，分入黄河和京杭运河。

济南黄河湾道。山东是黄河自青藏高原而下流经的最后一个省份，载着源远流长的黄河文化进入了山东境内。画面中一边是历经沧海桑田依旧奔流不息的古黄河，一边是社会发展产生的现代化都市，这一古一今的对比着实令人感慨万千。

4. 一城山色半城湖

闻名天下的古老泉城济南，是黄河奔腾而下所流经的最后一座省会城市。这里湖光山色，山水相映，历史悠久，人文底蕴深厚。

“齐烟九点”，是对济南山景的形象概括。这 4 个字出自唐代诗人李贺的诗——《梦天》，“遥望齐州九点烟，一泓海水杯中泻”。齐州代指济南。“九点”有泛指山多的意思，也有的解释为从千佛山上北望所看到的卧牛山、

华山、鹊山、标山、凤凰山、北马鞍山、粟山、匡山、药山等9座山头。这“九点”个头不大，却各有特点和传说。如华山，古称“华不（fū 夫）注”，“华”即“花”，“华不注”，意指此山如花跗注于水中。据说北宋以前，华不注山周围全为水域，称“鹊山湖”，远远望去，山像水中一朵含苞欲放的花骨朵。元代书画家赵孟頫所画《鹊华秋色图》即道出了济南山色之美，《鹊华秋色图》上有乾隆所题“鹊华秋色”4个字，今天被收藏在台北故宫博物院。“鹊华烟雨”，也是原济南八景之一。除华山之外，匡山上至今留有李白读书处的记载。药山之名则因山下洞中产阳起石，可入药而得。鹊山的传说之一是先秦名医扁鹊曾

受地势影响，济南有着“家家泉水，户户垂柳”的说法。济南城内百泉争涌，最著名的莫过于图中的趵突泉。趵突泉有“天下第一泉”的称号，水涌若轮，雪涛奔涌，声如隐雷，享誉国内外。

在此炼丹，死后葬于这里而得名。马鞍山、卧牛山则形象地提示着山的地理、地貌、地形之状。

济南名山当属千佛山，处于济南城东南，海拔不足300米，属于泰山山系余脉。千佛山是与趵突泉、大明湖齐名的济南“三大名胜”之一。千佛山在周朝以前被称为历山，古代有禹、舜曾在历山脚下开荒种田的传说，因此又有“禹登山”“舜耕山”之名，现今济南市仍有历山路、舜耕路等地名沿用。隋朝时期，因依山塑造佛像，修建千佛寺，才有了千佛山之名。此后，几经扩建、修筑，千佛山上的兴国禅寺、千佛崖、历山院、“齐烟九点”牌坊、“云径禅关”坊等成为今天融历史、文化、风景、佛教于一体的旅游胜地。

“家家泉水，户户垂柳”是济南的写照。济南地势南高北低，南部为丘陵山区，丰富的降水使南部山脉的地下水在石灰岩层下向北流动，遇到北郊组织紧密的岩浆岩阻挡而从石灰岩的孔隙、裂缝中喷涌而出，形成涌泉。宋文学家曾巩曾说：“齐多甘泉，冠于天下”。民间称“平均每秒有4立方米的泉水涌出”。济南城内百泉争涌，有72名泉之说。市区久负盛名的有趵突泉、黑虎泉、五龙潭、珍珠泉四大泉群。后来，济南重新审定划分了十大泉群，明确了明水泉域、白泉泉域、济南泉域、长孝泉域等四大泉域。

“西趵突、东百脉”，是对济南

名泉的评价。趵突泉被誉为“天下第一泉”，水涌若轮，雪涛奔突，声如隐雷，如波间玉塔、似平地涌壶，“趵突”一名最早就出现在曾出任齐州（今济南）太守的宋代著名文学家曾巩诗文之中。著名文学家蒲松龄称赞趵突泉“海内之名泉第一，齐门之胜地无双”。

与趵突泉齐名的百脉泉，位于济南章丘市明水镇。随着近些年干旱少雨天气的增多，百脉泉则以其一如既往的“泉如珍珠滚”而名声远扬，被赞为“天下奇观”。章丘是著名词人李清照的家乡，更让这里的泉水文化独具韵味。走进百脉泉公园的清照园，漱玉堂、易安楼、吟风榭、感月亭、文轩斋等无不述说着中国历史上最杰出的女作家、婉约派词人与这里的关系。李清照，号易安居士，著有《漱玉集》。她一生颠沛坎坷，出身于书香门第，自幼文采出众。18 岁时在汴京与丞相之子赵明诚结婚，名词《醉花阴》中“莫道不销魂，帘卷西风，人比黄花瘦”等句见证了夫妻二人感情之笃深。后来，她先后经历国破、家亡、夫死之痛，独自漂泊于江南，晚年孤苦凄凉。《声声慢》一词反映了她当时的心境：“寻寻觅觅，冷冷清清，凄凄惨惨戚戚……这次第，怎一个愁字了得？”今天，漱玉泉畔有郭沫若题写的“李清照纪念堂”匾额以及他所作楹联：“大明湖畔趵突泉边故居在垂柳深处；漱玉集中金石录里文采有后主遗风。”

“四面荷花三面柳”的景致肯定要在大明湖欣赏了。这是由众泉汇流而成的一处天然湖泊，水源充足，水位恒定，“恒雨不涨，久旱不涸”。大明湖曾有历下波、历水陂、莲子湖、西湖之称，金代诗人元好问在《济南行记》中始用大明湖之名。大明湖荷花历来备受济南人喜爱。相传古代，荷花盛开之际，文人墨客和部分官吏到湖边避暑，他们把

莲叶割下，盛上美酒，然后用簪子将莲叶的中心部分刺开，使之与空心的荷茎相通。人们从荷茎的末端吸酒喝，形成“酒味杂莲香，香冷胜于水”的奇特效果，这就是所谓的“碧筒饮”。

黄河从济南北部流过，近几年当地实施引黄补源政策，改善城区小清河沿岸环境，河泉相融，柳暗花明，呵护这座北方城市的美丽端庄、钟灵毓秀。

一部《还珠格格》的热播让大明湖畔成为家喻户晓的旅游胜地。大明湖是济南三大名胜之一，“四面荷花三面柳”的景致吸引着众多的游客前来。大明湖畔的荷花也一直是济南人的最爱。

【卷八】入海之处新生地

百川东流终入海。犹如在中国北方大地上的黄色巨龙，黄河蜿蜒九曲、万里奔流，在入海口与渤海相汇，使源远流长的黄河文化与博大雄浑的海洋文化融为一体。在这块既古老又年轻的土地上创造出了独具特色的黄河三角洲文明。

一、生长国土的地方

经过了长途跋涉之后的黄河接近入海口处的河面越来越宽，流速放缓，带来的巨量泥沙在河口处堆积下来形成三角洲。泥沙不断淤积，三角洲不断地向海洋伸展、扩大，华北平原陆地面积也不断增加。当今的黄河每年仍以几万亩的速度在这里增添新的国土，这里被称为共和国最年轻的大陆。

1. 共和国最年轻的土地

“九曲黄河万里沙，浪淘风簸自天涯。”千百年来，黄河日月不息地为中华民族拓展着生存空间。据郦道元《水经注》记载，“洋洋河水，朝宗于海，径自中州，龙图所在。”黄河形成统一的大河，自郑州桃花峪出峡谷，开始淤积造地，一路向东填平了历史上分布在华北大地上的130多个湖泊，这就是黄河多泥沙塑造出的黄淮海平原版图。其中，有一块至今仍在不断增长着的土地，这块神奇的土地就是东营。在 150 多年前，这里大多数的陆地还浸泡在海水之中，是母亲河孕育了这片肥沃的土地，并用双手将它托出海面。

东营，居山东省东北部、黄河南侧，东临莱州湾。因唐太宗东征时，曾在此安营扎寨，设东营、西营而得名。每年黄河水将黄土高原达 10 多亿吨泥沙中的大部分裹挟到这里，在河海交汇处形成悄然而执著的填海造陆运动，茫茫沧海变桑田，共和国最年轻的土地在这里向大海日益延伸。

东营是一座集年轻和古老于一体、极具魅力的城市。富藏石油、天然气，旅游资源丰富，北部有独特的大河海洋风光，黄龙入海的壮丽与长河落日的静美珠联璧合；南部有以古齐文

化为代表的历史人文景观。东营是国家规划的黄河三角洲的中心城市，环渤海经济圈与黄河经济带的交汇点，享有石油之城、生态之城、中国优秀旅游城市、国家环境保护模范城市、东方湿地之城等诸多美誉。今天，坐拥母亲河最慷慨馈赠的东营，正在像长三角、珠三角一样，为自身的崛起而不断努力。

2. 新兴石油城

东营是一个富藏石油、天然气的新兴石油工业城市，全国第二大油田——胜利油田就坐落在这里。

距今 2.95 亿年至 1.37 亿年的二叠纪，华北地块曾两度

胜利油田的发现打破了“华北无油论”的预言，滨渤海湾的这片油田让东营成为一座凝结着黄河文化、石油文化及现代城市建筑理念的新兴石油城。航拍这片广阔的领域，磅礴而大气。

下沉，受到海水漫长岁月的浸泡后，又再次抬升。在反复抬升和下沉的过程中，大量的生物遗体在沉降中堆积起来，形成了丰富的煤炭、石油和天然气资源。而沼泽分布、河汊纵横的黄河三角洲地区丰富的石油资源的开发与黄河的摆动有着密不可分的关系，正是黄河日月不息的造陆运动，使这片原本是大海的土地变成了新的陆地，许多海上油井因黄河泥沙淤积而改为陆上开采。

滨渤海湾的这片油田的发现，给 20 世纪 60 年代正闹“油荒”的中国带来了巨大的惊喜，也打破了“华北无油论”的预言，为此，国家给这个油田起了一个响亮的名字——胜利油田。

随着黄河三角洲石油资源的开采，一个亟须解决的难题摆在了东营的面前，桀骜不驯的黄河尾闾不断地摆动，洪水侵袭的威胁始终像一个紧箍咒，戴在油田的上方。历史上，黄河尾闾的摆动是一种自然现象，不停的改道和摆动，使河床可以溯源冲刷，保持河床的自然平衡。但是，作为一座新兴城市以及大规模的油田建设，是不能允许洪水肆虐和尾闾频繁改道的。在党和国家的关怀支持下，经过近 40 年的研究探索，东营改变了历史上黄河尾闾自然频繁改道的特性，实现了黄河年年安澜入海和胜利油田40年崛起发展的双赢。

东营这块新生的土地迅速发展，已经成为一座新兴的石油城，形成了以壮、雅、朴、实为特色的现代石油工业景观。林立的井架、采油树、丛式井组，雄伟的海上钻井平台，纵横交错的油气管道，是富有行业特点和地域特色的旅游资源。东营人以其勤劳和智慧，建造出一座凝结着黄河文化、石油文化及现代城市建筑理念的新兴石油城。如今的黄河三角洲，正在维持黄河健康生命和保障黄河三角洲经济建设安全的前提下，按计划和需要向大海深处延伸着共和国的国土。

三、绚烂入海

百川东到海，蜿蜒黄河自巴颜克拉山奔腾而来，在东营结束了一路的疲劳，在这里滋润出最后一片绿地之后，将身心涌入大海。千百年来，沧海桑田，亘古不变的是黄河水奔流入海的动力以及母亲河福泽华夏民族的使命。

1. 河口湿地

从人造卫星拍摄的地球表面图片上，我们可以清晰地看到在黄河入海口处有一块色彩斑斓的土地，这片总面积达 230 万亩的土地，就是黄河三角洲湿地。

这块湿地在水利专家的眼里，是反映黄河治理成效的晴雨表；在生态学家眼里，是研究生物衍化及替代规律的基因库；在鸟类专家的眼里，是研究东北亚内陆河环太平洋鸟类栖息、

注：1 亩约等于 666.67 平方米

迁徙规律的特殊地域。这是全国最大的河口三角洲自然保护区，是世界范围内河口湿地生态系统中极具代表性的范例之一。这里独特的生态环境，得天独厚的自然条件，造就了以黄河入海口浅海滩涂、沼泽湿地、天然苇荡、野生鸟类为主体，丰富而又独具特色的自然景观湿地。这里有地球暖温带地区最广阔、最完整、最年轻的湿地生态系统，是东北亚内陆和环西太平洋鸟类迁徙的重要“中转站”和越冬栖息、繁殖地，是国际湿地条约缔约国要求注册的国际重要湿地，曾被《中国国家地理》杂志评选为“中国最美的六大沼泽湿地”之一。

黄河三角洲湿地内生长着近 400 种植物，植被覆盖率在 80% 以上，分布着各种野生动物 1524 种，其中鸟类达 268 种。三角洲湿地内一年四季风景各异，鸟类成了一道变幻无穷的流

动风景线。每年的二三月份，成群的丹顶鹤、灰鹤、大天鹅如期而至；3月下旬，黑嘴鸥们相约而来；四五月份，东方白鹳在此繁衍生息；夏日，须浮鸥翩然而至，鹭类云集，野鸭成群。这里还有一种奇特的刀鱼，因其体形酷似一柄尖利的刀具而得名。每年农历3月中旬，刀鱼会沿着黄河逆流而上几百里洄游到东平湖产卵，等卵孵化成幼鱼后，又顺着黄河来到入海口。如此往复循环，两三年长成成鱼，刀鱼脂肪丰富、奇鲜无比。在黄河频繁断流的20世纪90年代，刀鱼绝迹、湿地退化。当时，有163位院士联合签名，呼吁拯救母亲河，国务院于1999年正式授权黄河水利委员会统一管理调度黄河水资源，从那时起至今，黄河下游再没有断流发生，黄河尾闾重新焕发生机，刀鱼重新畅游于黄河的尾闾间。

如今的黄河入海口是由1855年黄河决口改道而成，位于山东省东营市垦利县黄河口镇境内。黄河三角洲湿地是入海口一处独特的风景，丰富而又独特的生态环境，在中国乃至国际上都有着重要地位。

黄河在这里汇入深蓝的大海，黄河水与海水交接的那一刻，堪称天下奇观。

2. 回归大海

黄河入海口位于渤海与莱州湾交汇处。据资料记载，从公元前 602 年至公元 1127 年，黄河入海河道大都在山东北部至天津之间变迁。公元 1277 年至 1855 年的 500 多年时间里，黄河大致经封丘、丰县、徐州汇淮河入海。1855 年，黄河在河南铜瓦厢决口，夺山东大清河入海。现今的入海流路是在 1976 年由人工改道而成的。

“白日依山尽，黄河入海流”“黄河之水天上来，奔流到海不复回”等千古名句都彰显着黄河入海口的神奇瑰丽，黄河孕育了 5000 年的华夏文明，辗转万里在这里汇入渤海。壮丽的自然景观，深厚的历史文化淀积，这里是海内外华夏儿女梦回萦绕的地方。

在这里，乘船顺河而下，放眼远望，黄河两岸，植被种类层次分明。最高的是具有原始气势的大林场，中层是婀娜挺拔的芦苇，低层是葱茏青郁的牧草带。黄河自西南迤逦而来，如一条金色缎带扑向蔚蓝色的大海。河海交汇处，恰如一条黄绿相间的飘带，把浑浊的河水与碧蓝的海水划为两半，河黄海蓝，格外分明。浑黄的河水在湛蓝的海面上呈扇面状拓展开去，奔涌的黄河劈开千重波浪，向大海深处挺进，景色蔚为壮观，绝无仅有。

大河汤汤，黄河就是一部流动的历史。它的奔腾，它的流淌，孕育了中华民族几千年的历史，流淌在每一个中华儿女的血脉中。

朋友，如果有机会畅游河口，你一定摒弃尘世烦恼，沿着海堤放眼眺望，或登临海面驾御涌浪，让海风吹乱你的头发，让波涛掀起你的心潮，观这大陆新生、五洲名望，看大河入海，颂生命赞歌。你的内心会呼唤：黄河，感谢你！

后记

经过作者与编辑们约半年时间的努力，《黄河这样从我们身边流过》一书即将付梓，看到编辑传来的图文并茂的设计版式，作者们一片欢欣鼓舞。

此书是经董保华先生、我与出版社进行策划后开展的。当时，正值我颈椎病发作，难以伏案。但是，这个主题却又那样充满诱惑力，令我难以拒绝。与编辑商量后，我约了几位年轻人共同执笔。这几位年轻人几乎每日都在繁重的文牍工作中忙碌着，但是由于从事与黄河有关的工作，积累丰富，所行黄河也多有感触，闻此，欣然同意。通过分工合作，在较短的时间内，就拿出了本书的初稿。其中，白波负责卷三和卷五，徐清华负责卷四和卷七，刘仲薇负责卷六和卷八，我负责卷一和卷二，并负责全书通稿。此外，韩涛和戴钰两位同志为此书做了大量资料收集工作。

摄影家董保华先生参与了本书大纲的编纂和章节内容的指导。因为他长年的不畏艰辛、风雨跋涉以及他不凡的审美格调和镜头的丰富广远，使读者可以更加赏心悦目地了解黄河的壮美与秀美，因此，在此一并表示感谢。

由于作者水平有限，书中难免出现各类错误或遗漏，敬请读者予以批评指导。

陈维达

图书在版编目（C I P）数据

黄河这样从我们身边流过：穿越中国景观的母亲河 /
陈维达等著 . -- 北京：中国林业出版社，2014.7（2019.7 重印）
（地理中国）
ISBN 978-7-5038-7588-5

Ⅰ . ①黄… Ⅱ . ①陈… Ⅲ . ①黄河－介绍 Ⅳ . ① K928.42

中国版本图书馆 CIP 数据核字 (2014) 第 155341 号

策划出品：北京图阅盛世文化传媒有限公司
责任编辑：张衍辉
稿件统筹：韩景萍
图片提供：搜图网 www.sophoto.com.cn

出版 / 中国林业出版社（北京市西城区刘海胡同 7 号）
电话 / 010-83143521
印刷 / 固安县京平诚乾印刷有限公司
开本 / 787mm × 1092mm 1/16
印张 / 16.375
版次 / 2014 年 11 月第 1 版
印次 / 2019 年 7 月第 2 次
字数 / 191 千字
定价 / 68.00 元